Devang Swami
Bibhudatta Sahoo

Modelo de serviço para aplicações de Big Data na nuvem

Devang Swami
Bibhudatta Sahoo

Modelo de serviço para aplicações de Big Data na nuvem

ScienciaScripts

Imprint

Any brand names and product names mentioned in this book are subject to trademark, brand or patent protection and are trademarks or registered trademarks of their respective holders. The use of brand names, product names, common names, trade names, product descriptions etc. even without a particular marking in this work is in no way to be construed to mean that such names may be regarded as unrestricted in respect of trademark and brand protection legislation and could thus be used by anyone.

Cover image: www.ingimage.com

This book is a translation from the original published under ISBN 978-3-330-33006-1.

Publisher:
Sciencia Scripts
is a trademark of
Dodo Books Indian Ocean Ltd. and OmniScriptum S.R.L publishing group

120 High Road, East Finchley, London, N2 9ED, United Kingdom
Str. Armeneasca 28/1, office 1, Chisinau MD-2012, Republic of Moldova, Europe
Printed at: see last page
ISBN: 978-620-7-68848-7

Resumo

Muitas tecnologias e modelos têm sido propostos para trazer serviços de grandes volumes de dados para o ambiente de nuvem. No entanto, a escolha destas tecnologias é sempre específica da aplicação e determinar a adequação de uma solução é uma tarefa confusa que obriga os arquitectos e os designers a examinar os requisitos e a escolher uma solução que esteja atualmente disponível no mercado. Este documento centra-se no estudo dos modelos de serviço para serviços de grandes volumes de dados na nuvem e na sua classificação com base nos três modelos de nuvem (ou seja, IaaS, PaaS e SaaS). Os desafios colocados por estes modelos foram combinados e categorizados de acordo com quem está a lidar com os desafios. Verificou-se que os desafios centrados no cliente requerem atenção, a fim de atrair mais clientes para os serviços de megadados baseados na nuvem. Os desafios centrados no cliente que foram examinados eram a estimativa dos requisitos de espaço de armazenamento e a escolha de regiões para a colocação de dados replicados. Ambos os tópicos foram abordados neste trabalho. Verificou-se que a estimativa do espaço de armazenamento necessário é incorrecta, porque o esquema de armazenamento não é tido em conta ao calcular o espaço de armazenamento. No caso do MongoDB, verificou-se que os registos NYC requerem 1,41 vezes mais espaço de armazenamento do que os ficheiros csv. Verificou-se que a escolha da instalação para a colocação de um registo de réplica é semelhante ao problema de localização de instalações capacitivas NP-heavy. Para resolver este problema, foram propostos um algoritmo de aproximação FF++ e um algoritmo genético GAAS. Foi demonstrado que ambos os algoritmos melhoram as soluções em pelo menos 7% em relação aos algoritmos anteriores nas suas respectivas classes.

Palavras-chave: Big Data, computação em nuvem, Big Data as a Service, desafios de estimativa de armazenamento, problema de colocação de réplicas

Conteúdo

Capítulo 1	2	3
Capítulo 2		11
Capítulo 3		18
Capítulo 4		27
Capítulo 5		40
Apêndices		41
Referências		56

Capítulo 1

Introdução

1.1 Introdução

Um dos desenvolvimentos mais influentes na ciência dos dados é a compreensão da importância de sistemas de gestão de bases de dados escaláveis numa plataforma de nuvem para fornecer bases de dados como um serviço (Dbaas) ou análises como um serviço (Aaas) para aplicações que utilizam grandes quantidades de dados, normalmente designadas por Big Data. A maioria destas tecnologias utiliza sistemas NoSQL ou baseados em Hadoop como parte integrante do armazenamento e da gestão dos dados. Nas últimas décadas, grande parte da análise dos megadados centrou-se na gestão de grandes quantidades de dados em plataformas de nuvem. No entanto, a transferência de grandes volumes de dados (que são normalmente dados não estruturados) para a plataforma de nuvem envolve uma série de novos desafios que têm de ser ultrapassados para confirmar o sucesso das soluções. A nuvem, como usamos o termo, tem dimensões enormes e a sua arquitetura totalmente heterogénea exige um modelo de dados muito genérico e escalável. Esta tese centra-se no desenvolvimento de modelos de serviço para sistemas de Big Data na nuvem, propostos sob o termo Big Data as a Service (BDaaS). Um sistema BDaaS consiste em tecnologias que resolvem problemas de Big Data na plataforma de computação em nuvem para um grande número de clientes a um custo muito baixo em comparação com sistemas dedicados. Antes de analisarmos os sistemas BDaaS e os seus desafios, vamos centrar-nos nos grandes volumes de dados e na nuvem.

1.2 Grandes volumes de dados

Big Data é uma palavra-chave que se refere geralmente a enormes quantidades de dados que não podem ser processados por um único sistema devido ao seu volume, grande diversidade e velocidade de geração. Os avanços na tecnologia informática são a principal razão para a produção de dados volumosos. Em qualquer momento, apenas uma fração dos Grandes Dados é útil para a maioria das áreas de aplicação. Os megadados podem ser identificados através de quatro características (ou seja, 4 V's): Volume, Velocidade, Variedade e Veracidade [4]. O volume refere-se à quantidade de dados que é muito importante para um único sistema num período de tempo limitado. A segunda propriedade, Velocidade, refere-se à velocidade de geração de dados, que pode ser bastante elevada tendo em conta os milhares de sensores utilizados nas aplicações LoT e RSSF. A próxima propriedade de interesse é a Variedade, que se refere a variações no padrão dos dados em intervalos muito frequentes. Por último, a Veracidade refere-se à exatidão ou precisão dos dados gerados.

[5] cita seis pilares em que se baseia um sistema de Big Data

- Armazenamento

- Tratamento

- Orquestração

- Apoio

- Interface

- Utilização

Para trazer o Big Data para a nuvem, precisamos de adaptar o sistema de nuvem para suportar estes pilares.

1.3 Big Data na nuvem

Atualmente, uma expressão comum para os sistemas de grandes volumes de dados é "Hadoop" e "NoSQL". O Hadoop, um ecossistema para armazenar e processar grandes quantidades de dados, é o Godzilla neste domínio. Por outro lado, as tecnologias NoSQL, com as suas soluções de conceção incomparáveis para o armazenamento e processamento de dados, são também candidatas a muitas aplicações de Big Data. No entanto, trazer estas tecnologias para a nuvem é um desafio totalmente novo e requer o desenvolvimento de um novo sistema que forneça Big Data como um serviço. A tecnologia de computação em nuvem, com a sua elasticidade, baixo investimento, equilíbrio de carga, simultaneidade de tarefas e elevada fiabilidade, proporcionaria uma melhor plataforma para os sistemas de megadados, mas tal exigiria novos modelos e sistemas para lidar com as exigências dos clientes em matéria de megadados na plataforma de computação em nuvem. A replicação é uma das tarefas mais importantes que não podem ser previstas quando se considera a fiabilidade e a tolerância a falhas. Estas podem ser facilmente geridas através da utilização de tecnologias de computação em nuvem. Uma das principais vantagens da implantação de sistemas de dados maciços numa plataforma de computação em nuvem é tirar partido dos benefícios da tecnologia de nuvem, como a escalabilidade, a utilização optimizada de recursos, a simultaneidade de tarefas e a fiabilidade dos sistemas de dados maciços. As soluções de computação em nuvem oferecem fiabilidade através da utilização de diferentes máquinas virtuais em monitores de máquinas virtuais. Por exemplo, se uma máquina virtual que actua como nó de nome no sistema Hadoop falhar devido a erros de software, isso pode ser compensado pela utilização de outra máquina virtual configurada como backup para esse nó de nome. Deve acrescentar-se que a escalabilidade da computação em nuvem ajuda a poupar energia e a reduzir o custo total de propriedade, optimizando a utilização dos recursos através da atribuição de recursos para melhorar o desempenho.

1.4 Revisão da literatura

O modelo de extração de informação do livro de E Codd [6] constitui uma verdadeira referência no domínio dos sistemas de gestão de grandes bases de dados. [1]No entanto, a sua utilização está limitada à era dos grandes dados. Há muitos trabalhos que discutem projectos de sistemas de Big Data na nuvem. No entanto, apenas alguns trabalhos como [7],[8],[9],[10] e especialmente [11] & [12] discutem e propõem novos modelos para sistemas de Big Data. A evolução dos sistemas de informação em direção aos sistemas de Big Data na nuvem é apresentada na tabela 1.1. [1]

Quadro 1.1: Conclusões e questões pendentes

Pesquisar Trabalho	Constatações e questões pendentes	Ano
[6]	As disposições relativas aos quadros de descrição de dados nos sistemas de informação recentemente desenvolvidos constituem uma grande vantagem em relação ao objetivo da independência dos dados.	1970
[13]	Para responder às novas tendências, podem ser necessários novos tipos de informação sobre metadados, como a qualidade do serviço de armazenamento, e algoritmos para os utilizar.	1996
[13]	Desafios para as infra-estruturas que permitem a aplicação efectiva de abordagens anteriores à modelização pormenorizada do desempenho e do comportamento".	1996
[13]	"Para além de explorar os ciclos destas máquinas ociosas em aplicações paralelas e distribuídas, os sistemas de armazenamento podem utilizar ciclos ociosos ou recursos de armazenamento para a gestão global do armazenamento."	1996
[14]	Schema-last é provavelmente um nicho de mercado".	2005
[15]	O armazenamento em centros de dados pode assumir uma (ou uma combinação) de três formas: Direct Attached Storage (DAS), Storage Area Network (SAN) e Network Attached Storage (NAS)".	2009
[15]	A unificação de vários subsistemas de armazenamento virtualizados requer uma instância superior que coordene o acesso entre esses subsistemas. Esta unificação é cada vez mais necessária devido ao limite de 16 TB para os NAS/SAN tradicionais".	2009

---

[1]Só é utilizado para sistemas de gestão de bases de dados baseados no NewSQL [7].

[15]	"Na prática, os fornecedores de software de gestão oferecem uma multiplicidade de produtos centrados na gestão de aspectos específicos. Existe, por exemplo, uma série de pacotes para o aprovisionamento bare metal, a monitorização do desempenho, a gestão das aplicações, a migração, etc. Referir-nos-emos a eles doravante como "External Management Packages (EMP)". Referir-nos-emos a eles como "External Management Packages (EMP)".	2009
[16]	O aumento significativo da utilização do disco rígido em comparação com os dados em bruto deve-se às informações adicionais sobre o esquema e a versão armazenadas para cada par chave/valor.	2012
[17]	A integração de dados estruturados e não estruturados e de informações provenientes de nuvens virtuais distribuídas e heterogéneas exige investigação adicional".	2013
[18]	Os esquemas de armazenamento e recuperação de dados também conduzem a elevadas despesas gerais e latência".	2014
[19]	"Os padrões de acesso aos dados e, em particular, a frequência de acesso aos dados (dados frios versus dados quentes), podem conduzir a futuras optimizações da hierarquia de armazenamento: inicialmente, os dados são geralmente quentes, mas à medida que o tempo passa, tornam-se arquivados, frios e mais adequados para o armazenamento em NVMs."	2014
[19]	De um ponto de vista evolutivo, os discos rígidos continuam a ser muito rentáveis".	2014
[19]	As aplicações determinam frequentemente a conceção dos sistemas de armazenamento subjacentes.	2014
[20]	"Como é que se armazenam os dados para que possam ser facilmente recuperados e migrados entre servidores?"	2015
[21]	"criar modelos que possam ser utilizados para previsões e prescrições.	2015
[22]	O eBay e a Amazon utilizam o BASE em vez do ACID e defendem a disponibilidade antes da consistência".	2015

1.4.1 Referências de grandes volumes de dados

Atualmente, os sistemas de gestão de bases de dados escaláveis, necessários tanto para as operações como para a análise, são uma parte importante da infraestrutura da nuvem. Os serviços de gestão de bases de dados escaláveis disponíveis no mercado, como o Oracle Big Data SQL, o Amazon Web Services, o Microsoft Azure e outros, combinam normalmente NoSQL e/ou Hadoop para grandes volumes de dados com outras lojas de dados, como lojas de valores chave, SQL para dados do utilizador, controlo de acesso, metadados e outros. A ideia básica é armazenar dados no Hadoop e/ou NoSQL e gerir a proteção de dados, os dados do utilizador e outros aspectos através de outro armazenamento de dados. O GrepTheWeb da Amazon, por exemplo, utiliza o SimpleDB para gerir os dados do utilizador e outros metadados.

As tecnologias de megadados atualmente disponíveis podem ser classificadas, grosso modo, de acordo com os seguintes parâmetros:

1. Fontes de dados (dados optimizados, dados não em tempo real)

2. Modelos de dados (baseados em colunas, pares chave-valor, armazenamentos de documentos, armazenamentos baseados em gráficos, etc.)

3. tipo de dados (estruturados, não estruturados e semi-estruturados)

Para efeitos do presente trabalho, centrar-nos-emos apenas nos parâmetros do modelo de dados. Tendo em conta os modelos de dados, foram propostas várias estruturas e conceitos inovadores para o desenvolvimento de um sistema de grandes volumes de dados. Entre estes, os modelos de dados NoSQL são muito populares. Existem muitos modelos NoSQL no mercado, tais como pares chave-valor, bases de dados de documentos, bases de dados de grafos, armazenamentos de largura de coluna, armazenamentos de eventos, armazenamentos de conteúdos, bases de dados de séries temporais e outros. Para além do NoSQL, existem outros modelos, como o modelo de base de dados orientado para objectos. No Apêndice C é apresentada uma lista exaustiva de mais de 40 tecnologias de SGBD disponíveis no mercado.

1.4.2   Big Data e computação em nuvem: desafios e oportunidades

Um dos principais estrangulamentos dos sistemas dedicados de megadados é o facto de os megadados estarem ou virem a estar a levar ao limite a infraestrutura existente. Além disso, a maioria dos sistemas dedicados ou clusters HPC não são concebidos para utilizar hardware normalizado. Outras questões, como a governação, a heterogeneidade das fontes de dados, a proteção dos dados, o controlo do acesso dos utilizadores, etc., são fáceis de gerir, mas a flexibilidade, a escalabilidade, a tolerância às partições, a disponibilidade e outras funções técnicas têm de ser especificadas com muita precisão. As tecnologias que combinam sistemas de grandes volumes de dados e computação em nuvem não enfrentam esses problemas, uma vez que a nuvem gere eficazmente a fiabilidade, a escalabilidade e outros requisitos não funcionais através da virtualização e da replicação. Mais importante ainda, as nuvens também permitem a utilização de hardware pronto a utilizar, o que é como manteiga no pão para uma pessoa esfomeada. Um cenário enigmático na combinação de grandes volumes de dados e sistemas de nuvem é a gestão da rápida elasticidade que os clientes podem exigir. Com ofertas como o pagamento por utilização (ou computação utilitária), os clientes podem exigir uma elevada capacidade de processamento em alturas críticas (por exemplo, picos sazonais nas compras em linha, venda de produtos através de portais Web e aplicações móveis, etc.), e é aqui que entra a nuvem.

Os serviços de gestão de bases de dados escaláveis disponíveis no mercado, como o Oracle

Big Data SQL, o GrepTheWeb da Amazon, o Big Insights da IBM, o Microsoft Azure e outros, combinam normalmente NoSQL, Hadoop e outros armazenamentos de dados, como Key-Value ou SQL, para gerir o sistema. A ideia básica é armazenar os dados no Hadoop e/ou NoSQL e gerir a proteção de dados, os detalhes do utilizador e outros aspectos com outro armazenamento de dados. O GrepTheWeb da Amazon, por exemplo, utiliza o SimpleDB para gerir os dados dos utilizadores e outros aspectos. Uma área de investigação neste domínio inclui a construção de modelos capazes de explorar a elasticidade rápida em grandes sistemas de nuvem [21]. IBM Uma outra preocupação neste domínio é a necessidade de métodos de amostragem, sistemas em linha e de multi-resolução para acelerar os algoritmos de análise para fazer face a grandes quantidades de dados [18]. Mesmo que os sistemas sejam muito potentes, a atualidade continua a ser uma limitação importante.

Existem muitas soluções para o processamento em lote de grandes volumes de dados, tais como modelos de estado partilhado (JavaSpaces, modelo Publish/Subscribe), modelos de passagem de mensagens como os modelos MPI, RPC e RMI, modelos híbridos como OmniRPC, OpenMP e outros, modelos de coordenação e modelos de serviços Web. O modelo de programação MapReduce é um modelo de programação paralela cada vez mais importante em Big Data, suportado por muitos armazéns de dados NoSQL, bem como por todas as distribuições Hadoop. Muito trabalho tem sido feito para testar o modelo de programação paralela, e o estado atual confirma a necessidade de Cloud MapReduce (ou Elastic MapReduce) [23]. Os autores de [20] sugerem que o MapReduce acelera o processamento de grandes quantidades de dados numa nuvem. Esta é certamente uma fonte de inspiração para trazer modelos de grandes volumes de dados para a nuvem. No entanto, o passo seguinte a uma oportunidade leva-nos sempre a um desafio. Um problema de investigação em aberto neste domínio é o desenvolvimento de opções tecnológicas para a análise de grandes volumes de dados baseada na nuvem para modelos privados, públicos e híbridos [24].

1.5 Motivação

De acordo com um inquérito [25], mais de 75% das empresas estão a investir ou planeiam investir em Big Data nos próximos dois anos. Estes sectores deparam-se com um grande desafio: encontrar e escolher uma tecnologia de Big Data, dada a grande variedade de soluções disponíveis. [2]Atualmente, estão disponíveis mais de 10 modelos de dados e 40 sistemas DBMS para responder às diferentes necessidades das empresas. No entanto, como uma única solução não se adequa a todos os objectivos da indústria, acaba por ser necessário combinar uma ou mais soluções num único sistema conglomerado que resolva todos os problemas das empresas. O sistema Oracle Big Data, por exemplo, oferece aos clientes opções de cluster NoSQL e/ou Hadoop e acesso através da linguagem de consulta SQL familiar, permitindo que os clientes passem para sistemas Big Data sem alterar as suas aplicações actuais. Um grande problema

---

[2]Uma lista de modelos de dados e de sistemas SGBD para aplicações de megadados pode ser consultada nos apêndices B e C, respetivamente.

na escolha destas tecnologias é que muito poucos modelos, como os modelos relacionais[6], orientados para os objectos e objeto-relacionais, se baseiam num modelo matemático sólido. A modelação do armazenamento é um desafio não trivial e, em muitos casos, exige uma avaliação das concepções. Se os requisitos de recursos não puderem ser justificados, será cada vez mais difícil monitorizar o crescimento do sistema, o que poderá ter um impacto negativo no desempenho se a questão da escalabilidade não for devidamente tratada. Por isso, é cada vez mais importante compreender a explosão de Big Data através das suas características, ou seja, os 3 Vs, e criar modelos matemáticos que possam prever as necessidades futuras do sistema. O mapeamento de soluções de diferentes clientes na nuvem de Big Data é também uma tarefa exigente, e a maioria dos problemas são inerentemente NP-difíceis (por exemplo, colocação de réplicas) ou NP-incompletos (por exemplo, colocação de fragmentos ou partições).

1.6 Definição do problema

É necessário um estudo dos serviços de Big Data na nuvem e da sua classificação para desenvolver um bom modelo de prestação de serviços para BDaaS (Big Data as a Service). Também é necessário estudar e resolver uma lista de desafios para os modelos de serviços BDaaS. Neste trabalho, o foco está em dois desafios que os clientes enfrentam quando utilizam BDaaS, nomeadamente

- estimativa do espaço de armazenagem necessário e

- Escolha os centros de dados para alojar os dados replicados.

1.7 Contribuições para a investigação

Este trabalho deu os seguintes contributos:

- Foi apresentada uma classificação do modelo BDaaS.

- Foi proposto um modelo BDaaS, com as suas vantagens, desvantagens e desafios.

- No que respeita ao modelo de dados de armazenamento de documentos, foram identificados e abordados os desafios associados à estimativa da capacidade de armazenamento.

- O problema de colocação de réplicas foi formulado como o Problema de Localização de Instalações, e foram propostos um algoritmo de aproximação e um algoritmo genético para resolver o problema.

1.8 Organização da tese

O resto do trabalho está estruturado da seguinte forma: O Capítulo 2 apresenta um modelo
para a entrega de serviços de big data na nuvem. No mesmo capítulo, é proposto um modelo
com as suas vantagens, desvantagens e desafios, que foram estudados por fornecedores de
serviços e clientes. Neste trabalho, os desafios dos clientes são abordados de modo a incentivar
cada vez mais clientes a utilizar o serviço BDaaS. O Capítulo 3 abordou o primeiro desafio do
cliente, que consiste em estimar a quantidade de espaço de armazenamento necessário para

modelo de dados para lojas de documentos. O Capítulo 4 apresenta e resolve o segundo e
último problema do cliente, nomeadamente a escolha de um número de centros de dados para
a colocação de réplicas. Por fim, o Capítulo 5 conclui o trabalho e apresenta o trabalho futuro.

Capítulo 2

Modelo de serviço de Big Data para a Nuvem

2.1 Introdução

A maioria dos sistemas de gestão de bases de dados escaláveis, necessários tanto para fins operacionais como analíticos, são uma parte importante da infraestrutura de computação em nuvem. Os serviços de gestão de bases de dados escaláveis disponíveis no mercado são apresentados no Quadro 2.1. A maioria destas tecnologias combina NoSQL, Hadoop e/ou RDBMS para fornecer grandes volumes de dados como um serviço. A ideia básica é armazenar os dados em Hadoop e/ou NoSQL e gerir questões de privacidade, detalhes do utilizador e outros aspectos utilizando um repositório de metadados. O Oracle Big Data SQL, por exemplo, utiliza RDBMS para armazenar metadados. Uma área de investigação neste domínio inclui o desenvolvimento de modelos capazes de explorar a elasticidade rápida em grandes sistemas de nuvem [21]. Outra preocupação nesta área é identificar a necessidade de métodos de amostragem, sistemas online e de multi-resolução para acelerar algoritmos de análise para lidar com Big Data [18].

Existem três modelos principais de computação em nuvem: IaaS (Infraestrutura como serviço), PaaS (Plataforma como serviço) e SaaS (Software como serviço). Ao escolher um modelo de BDaaS utilizando estas camadas, pode utilizar uma delas, combinar duas delas ou integrar as três camadas. Existem, portanto, 6 modelos possíveis para BDaaS: um para cada camada da pilha, entre as três pilhas e uma combinação de IaaS/PaaS e PaaS/SaaS.

Estes quatro modelos de serviço para BDaaS foram designados da seguinte forma em [12]:

1. Apenas a camada PaaS (Core BDaaS),

2. Camada PaaS e IaaS (Performance BDaaS),

3. a camada PaaS e SaaS (BDaaS), e

4. Em todos os três níveis, ou seja, PaaS, IaaS e SaaS (BDaaS integrado).

O núcleo da BDaaS só seria implementado a nível da plataforma, através da criação de máquinas virtuais com Hadoop e/ou NoSQL para disponibilizar a BDaaS [26]. Esta conceção não exige quaisquer alterações nas camadas IaaaS ou SaaS. A velocidade de implementação é a principal vantagem deste modelo, enquanto a falta de melhoria da latência ao nível do IaaS é um estrangulamento do desempenho. Desempenho

Quadro 2.1: Sectores de computação em nuvem que oferecem serviços de megadados

Fornecedores de serviços em nuvem	Consulta	SQL Apoio	Suporte para dados em fluxo contínuo	Serviço Descobrir
Oracle Big Data SQL	Digitalização inteligente	Sim	Sim	Não
IBM Infosfera Óptimos conhecimentos	Grande SQL	Sim	Sim	Não
Amazon AWS	Amazon Redshift	SIM	Sim	Não
Cloudera	Impala	SIM	Sim	Não
Microsoft Azure	Asper Registo	Sim	Sim	Sim
Serviços Google CLOUD	Elevada procura	Sim	Sim	Não
Verizon	Proprietário API	Não	Sim	Não

A BDaaS, por sua vez, integra uma camada de PaaS com uma camada de SaaS para ultrapassar as limitações da Core BDaaS. Outro método de integração da BDaaS na nuvem consiste em reunir os serviços das camadas PaaS e SaaS para permitir a abstração e a produtividade dos serviços de megadados, daí o nome Featured BDaaS. Por fim, o último modelo de serviço, a BDaaS integrada, engloba verticalmente as três camadas da nuvem e oferece as vantagens de ambos os modelos. Além disso, é uma abordagem atractiva, uma vez que pode resultar numa BDaaS perfeita que é produtiva, apoia os utilizadores empresariais e os especialistas e proporciona o máximo desempenho" [12]. A Tabela 2.2 apresenta exemplos de cada um dos quatro tipos de modelos de BDaaS. No entanto, para efeitos da presente investigação, os autores centrar-se-ão apenas na BDaaS básica, uma vez que este modelo permite a utilização de uma infraestrutura genérica e de um modelo de serviços de software na plataforma de nuvem. Também está claro na Tabela 2.2 que o modelo de BDaaS básico também pode ser usado para banco de dados como serviço (DBaaS).

2.2   Modelo de serviço de Big Data

Com base na sua análise da literatura, os investigadores concluíram que os sistemas de Big Data atualmente utilizados devem ter as seguintes características

1. uma distribuição equitativa das tarefas,

2. Balanceamento de carga e filas de trabalho,

3. tolerância a falhas e recuperação, e

4. Oculta os detalhes ao nível do sistema do programador da aplicação.

Quadro 2.2: Modelos e exemplos de serviços BDaaS

BDaaS Modelo de serviço	Exemplos
Núcleo BDaaS	Amazon EC2, Amazon EMR, Amazon DynamoDB, MongoDB Atlas, Google Big Table e Azure DocumentDB
Potência BDaaS	Plataforma de dados Altiscale, HDInsight e Hortonworks
BDaaS selecionada	Qubole, MongoDB Enterprise Edition com Cloud e/ou Ops Manager, Datadog e Pentaho Business Analytics
BDaaS integrada	A maioria das implementações empresariais, como o LinkedIn, Facebook, Twitter e outros, bem como a BlueData

Tabela 2.3: Soluções de bases de dados para aplicações de megadados

Lista de bases de dados para soluções de megadados				
Adabas	Db4o	Tabela de hipertensão	MySQL	Solr
Álgebraix	DynamoDB	IDMS	Neo4j	Esfinge
Amaxon CloudSearch	Elasticsearch	IMS	NEventStore	Titânio
Azul-celeste DocumentDB	Memória de eventos	Jack Rabbit	Armazém de objectos	TC-TT
BaseX	Tocha	Jena	Oracle BigData-SQL	UniData, Univers
Cache	Google Cloud Bigtable	MarkLogic	Oracle-SQL	Base de dados de objectos de expedição
Cassandra	Armazenamento de dados na nuvem do Google	Microsoft Pesquisa no Azure	Redis	Voldemort
Couchbase	Aplicação de pesquisa Google	Microsoft Servidor SQL	Skalaris	VoltDB
CouchDB	GraphDB	Forma de modo	Sedna	...
D3	HBase	MongoDB	Sementes de sésamo (ou RDF4J)	

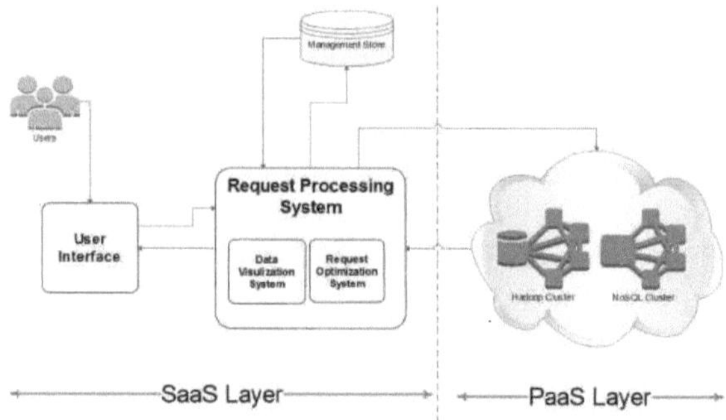

Figura 2.1: Modelo de base BDaaS proposto

[1]Como mostra a Tabela 2.3, mais de 40 soluções para aplicações de Big Data estão atualmente disponíveis no mercado, incluindo 1001 Data, Amazon AWS, Microsoft Azure, Oracle Big Data SQL, Apache Drill, Teradata e outras. Uma lista completa de todas as soluções disponíveis em 2014 pode ser consultada em [18]. Cada uma destas soluções tem as suas próprias vantagens e desvantagens. Durante o inquérito, verificámos que muitas destas soluções permitem que os seus clientes utilizem armazéns de dados Hadoop e NoSQL. Propomos uma arquitetura de software para a camada de gestão do modelo central de BDaaS, como se mostra na Figura 2.1. A arquitetura proposta seria capaz de servir um grande número de clientes que requerem serviços diferentes. É constituída por uma interface de utilizador (IU), um sistema de processamento de pedidos (RPS), uma loja de gestão (ou de metadados) e um cluster Hadoop e/ou NoSQL na nuvem. Os elementos da camada SaaS são propostos para resolver os problemas acima referidos. A interface do utilizador interage com o utilizador e fornece uma panorâmica da atividade na nuvem. O espaço de gestão ou espaço de metadados é responsável pelo armazenamento de diferentes informações:

1. Utilizador do recurso,

2. Direitos legais sobre o recurso,

3. o objetivo do recurso, e

4. Informações técnicas necessárias para armazenar/aceder aos recursos.

Utilizando o seguinte repositório de metadados, três tarefas principais podem ser apoiadas pela RPS, como se mostra a seguir:

1. Recolher, manter e encontrar dados/recursos,

2. métodos de publicidade para atingir o grupo-alvo correto, e

3. Apoio à tomada de decisões e otimização do trabalho. [3]

---

[3]O Apêndice C apresenta um breve resumo destas soluções.

O RPS é o cérebro do sistema que gere as diferentes tarefas solicitadas pelo cliente. É composto por dois subsistemas, o Sistema de Visualização de Dados (DVS) e o Sistema de Otimização de Tarefas (ROS). O ROS é a unidade que utiliza a informação técnica dos recursos e executa uma tarefa dentro dos limites definidos pelo utilizador. O seu principal objetivo é maximizar o benefício dos recursos disponíveis para o cliente. O ROS funciona de forma semelhante ao optimizador dos sistemas de processamento de consultas SQL. O DVS, por outro lado, é uma unidade de processamento gráfico e só é utilizado para processar pedidos visuais complexos, como diagramas, imagens e vídeos de alta qualidade, etc. A tecnologia de nuvem utilizada para implementar clusters NoSQL e/ou Hadoop traz os benefícios da fusão das duas tecnologias e enriquece os utilizadores, oferecendo-lhes a elasticidade, a flexibilidade, a escalabilidade e os recursos a pedido de que necessitam, tudo numa única solução.

Vantagens :

- Combine as vantagens dos sistemas de nuvem e de big data numa única solução.

- O sistema é facilmente expansível e a sua conceção genérica permite-lhe adaptar-se às necessidades do cliente.

- Capacidade de reduzir o TCO (custo total de propriedade).

- O acesso indireto à nuvem oferece maior segurança.

desvantagens :

- Limita as operações que um cliente pode efetuar no sistema.

- Muito poucos benefícios/incentivos diretamente tangíveis do sistema.

- O tempo e os recursos necessários para a criação do sistema seriam consideráveis.

- As memórias administrativas requerem normas dispendiosas e são muito difíceis de implementar para um grande número de utilizadores.

A arquitetura genérica do modelo proposto facilita a extensão do sistema de acordo com as necessidades dos utilizadores. Por exemplo, uma nova empresa precisa de serviços em nuvem e precisa de comprar computadores de secretária para os seus empregados. Com este modelo, o fornecedor de serviços poderia sugerir aos seus clientes que comprassem terminais-clientes, que são relativamente mais baratos do que os computadores de secretária e oferecem uma interface de utilizador de terminal-cliente em vez de uma aplicação. A vantagem dos clientes "magros" seria o facto de reduzirem o custo total de propriedade para o cliente, que tem de comprar novos computadores de secretária ou terminais para utilizar o novo sistema, atraindo assim esses clientes.

A análise do modelo revelou uma série de desafios a serem superados, tanto pelo cliente como pelo prestador de serviços. Estes são apresentados na Tabela 2.4. De todos os desafios listados, verificámos que os desafios para o prestador de serviços foram altamente valorizados e muitas questões foram abordadas. No entanto, foram registados menos progressos posteriormente

Quadro 2.4: Desafios do modelo BDaaS proposto

Desafios	Aplicável a (cliente ou prestador de serviços)	TipoDesafio (registo ou desempenho)
Escalabilidade	Prestador de serviços	Ambos (aplicação e desempenho)
Proteção de dados e Segurança	Prestador de serviços	Registo
Flexibilidade	Prestador de serviços	Ambos (aplicação e desempenho)
Fiabilidade	Prestador de serviços	Ambos (aplicação e desempenho)
Elasticidade rápida	Prestador de serviços	Ambos (aplicação e desempenho)
Estimativa Armazenamento preciso Requisito	Cliente	Registo
Seleção de estabelecimentos para a colocação de réplicas geográficas	Cliente	Potência

para questões do lado do cliente. O Microsoft Azure, por exemplo, permite-lhe escolher instalações de replicação em qualquer parte do mundo com um simples clique do rato, mas mesmo os melhores princípios para escolher o melhor conjunto de instalações de replicação não estão disponíveis sob o mesmo teto. [4]O único comentário disponível é sob a forma de localização dos dados. No trabalho proposto, pretendemos, por conseguinte, abordar dois desafios que o cliente enfrenta quando utiliza o modelo BDaaS proposto, para que mais clientes sejam incentivados a utilizar os serviços BDaaS.

2.3 Conclusão

Em última análise, o objetivo é trazer os sistemas de grandes volumes de dados para a nuvem, o que proporcionará maior elasticidade, fiabilidade e menor investimento para os clientes. Uma vez que a tecnologia de nuvem oferece soluções a um grande número de utilizadores com as suas próprias necessidades únicas, é essencial desenvolver um sistema genérico de grandes volumes de dados baseado na nuvem que suporte uma vasta gama de domínios de aplicação, desde aplicações em tempo real e não em tempo real a aplicações operacionais e analíticas. Neste capítulo, os investigadores propuseram um modelo de serviço para o modelo

---

[4]Colocação de dados perto da fonte ou da aplicação

principal de BDaaS e destacaram os desafios que o modelo de BDaaS enfrenta. Entre os desafios mencionados, verificámos que os problemas dos clientes não receberam muita atenção, pelo que nos propomos explorar soluções para estes problemas neste trabalho. O Capítulo 3 procura resolver o desafio de estimar com exatidão os requisitos de armazenamento, enquanto o Capítulo 4 aborda o problema de encontrar o melhor grupo de nós para colocar réplicas de dados.

Capítulo 3

Espaço de armazenamento estimado para os nós de manutenção

3.1 Introdução

Determinar o espaço de armazenamento que um sistema necessita para guardar os dados produzidos num determinado ano é uma das tarefas mais importantes em muitos sectores. Quando estes sectores transferem as suas soluções para a nuvem, esta tarefa torna-se ainda mais importante, uma vez que tem um impacto direto no orçamento da empresa. Imaginemos um cenário em que um sector tenha estimado uma necessidade de armazenamento de X" GB na nuvem para um determinado ano e se aperceba de que precisa de Y" GB de espaço de armazenamento adicional no último trimestre. Este facto pode ter um impacto negativo em qualquer decisão de gestão de recursos. Se "Y" GB de espaço de armazenamento custar agora "Z" dólares, isso pode ter um impacto negativo em qualquer decisão relacionada com o orçamento. Há muitas razões pelas quais a previsão das necessidades de armazenamento pode estar errada, tais como

- Utilização de um modelo probabilístico incorreto para prever a quantidade de dados gerados.

- Incerteza ou aleatoriedade da fonte.

- Espaço de armazenamento estimado sem ter em conta o esquema de armazenamento (modelo de dados) e o esquema de pesquisa (ou seja, índice).

Entre os problemas enumerados, a estimativa incorrecta do espaço de armazenamento devido ao esquema de armazenamento e recuperação é uma questão importante. Por exemplo, 1 GB de dados CSV requer cerca de 1,5-1,9 GB de espaço de armazenamento quando armazenado utilizando o motor de armazenamento WiredTiger do MongoDB. No trabalho proposto, limitar-nos-emos, portanto, ao facto de a estimativa inadequada do espaço de armazenamento se dever geralmente ao esquema de armazenamento e pesquisa.

A determinação de um modelo para estimar o espaço de armazenamento utilizando um esquema de armazenamento ou de pesquisa é uma tarefa confusa que permite aos arquitectos e designers verificar os requisitos e escolher uma solução. Como se mostra no Apêndice B, existem mais de 10 modelos de dados que uma indústria pode utilizar. Além disso, existem mais de 45 soluções de bases de dados no mercado que podem ser associadas a um dos modelos de dados; cada um destes modelos é adequado para uma série de casos de utilização (embora existam alguns produtos que não podem ser associados a nenhum destes 14 modelos de dados).

3.2 Revisão da literatura

O modelo de dados coloca os seguintes desafios às empresas antes de o implementarem na plataforma de nuvem:

- Estimativa incorrecta do espaço de armazenamento necessário, uma vez que a maioria das empresas negligenciaria a representação dos dados contabilísticos ao calcular o espaço de armazenamento necessário para a aplicação. Além disso, "o espaço de armazenamento necessário aumenta significativamente em comparação com os dados em bruto devido ao esquema adicional e à informação de versão para cada unidade de dados" [8]. Isto resulta em requisitos para modelos de previsão e prescrição [11].

- Além disso, os dados devem ser armazenados de forma a poderem ser facilmente recuperados e migrados entre servidores [12]. Por conseguinte, os dados têm de ser colocados de forma a que a sua latência seja máxima. Isto pode ser formulado como um problema de colocação de servidores para réplicas, como veremos na próxima secção.

- Integrar dados estruturados, não estruturados e semi-estruturados provenientes de fontes distribuídas e heterogéneas [8]. Para tal, pode ser necessário ultrapassar o famoso CAP ou o teorema de Brewer.

- Desenvolver algoritmos para explorar a informação de metadados armazenada num modelo de dados de acordo com as tendências emergentes [4].

Um modelo de dados físicos é uma representação dos dados num dispositivo de armazenamento secundário e inclui também outras estruturas de dados, como índices, etc. Define também as restrições do sistema de base de dados, como os tipos de dados disponíveis para armazenamento, o número de índices secundários permitidos, etc. Como se mostra na Figura 1, um modelo de dados físicos inclui o formato da mensagem, a estrutura do ficheiro, o esquema físico e outras entidades. Existem duas formas de armazenar dados numa tabela, por ordem de linha ou por ordem de coluna, tendo em conta as opções fornecidas pelo esquema físico [32].

O esquema físico também define o espaço de armazenamento necessário para organizar os dados nos dispositivos de armazenamento secundário. É utilizado um modelo matemático para estimar o tamanho do espaço de armazenamento necessário para armazenar os dados. Verificámos que o armazenamento de 1,5 GB de dados do blogue com três índices secundários (incluindo um índice de pesquisa de texto) foi armazenado pelo MongoDB em 2,63 GB, ou seja, 1,7 vezes o tamanho inicial. É muito importante saber quanto espaço de armazenamento é necessário, pois isso terá um impacto no processo de decisão de compra de espaço de armazenamento. Além disso, a maioria dos fornecedores de serviços na nuvem restringe o acesso ao espaço de armazenamento limitando o número de IOPS executados por uma aplicação. Por conseguinte, é do interesse dos programadores e designers de aplicações estarem familiarizados com o esquema físico de um modelo de dados ou de uma base de dados antes de decidirem alojar os dados na nuvem.

Como já foi referido, há três cenários em que as empresas estimaram incorretamente o espaço de armazenagem. Foram desenvolvidos modelos probabilísticos para estes cenários, que geram a maioria das fontes de dados com uma precisão muito elevada de 80% ou mais. Isto justifica o facto de os cenários 1 e 2 serem ambos altamente improváveis. Verificou-se que o aumento da utilização do disco rígido se deve à informação adicional do esquema exigida por um modelo de dados e à versão da informação [26]. Por esta razão, consideramos que o cenário 3 é mais prometedor para estimar o tamanho da memória o mais livre de erros possível. Muito poucas soluções como o MySQL e o Neo4j oferecem calculadoras ou ferramentas conhecidas para estimar a quantidade de memória necessária. O MySQL fornece um script Perl que calcula o tamanho do espaço em disco necessário para armazenar uma base de dados no motor de armazenamento em cluster NDB, com base no espaço em disco utilizado pelo motor de armazenamento InnoDB [3], o que significa que os dados devem primeiro ser armazenados no InnoDB. A Neo4j, uma base de dados baseada em grafos, fornece uma calculadora para estimar o espaço de armazenamento, a memória principal e a capacidade de processamento necessários a um nó para armazenar e processar dados, utilizando o número de nós, o número de relações, o tamanho médio de um nó e o tamanho médio de uma relação [1]. No entanto, a maioria destas ferramentas de estimativa está limitada a uma única aplicação. Não existe um modelo geral aplicável a todas as bases de dados de um determinado modelo de dados. [1]Propomos desenvolver um modelo para uma solução baseada no carro JSON,

- O JSON é um dos formatos mais influentes na migração de RDBMS para NoSQL [27].

- O JSON encontrou o seu lugar em muitos domínios de aplicação com dados semi-estruturados e não estruturados [28] [29] [30] [31].

- [5] [6]Muitas bases de dados e soluções alargaram o JSON para satisfazer as suas necessidades, como o BSON e o MessagePack , etc. [33].

3.3 Modelo de estimativa do espaço de armazenamento

A Figura 3.2 mostra um documento JSON com um único campo, "Name", e o seu valor "Devang". A Figura 3.3 descreve o esquema de armazenamento do BSON, um protocolo de comunicação e armazenamento utilizado pelo MongoDB. O BSON é uma estrutura de armazenamento derivada do JSON. As figuras também mostram que o BSON consome muito mais memória do que o JSON devido às informações adicionais que retém para armazenar dados. No entanto, estas informações adicionais ajudam a aumentar o débito, uma vez que

---

fornecem informações sobre a natureza e a dimensão dos dados e ajudam o processador de E/S a tomar decisões inteligentes (se as tecnologias relevantes estiverem disponíveis e programadas para serem utilizadas). Mais importante ainda, esta informação adicional ajuda o processador de E/S a decidir quantos bits utilizar.

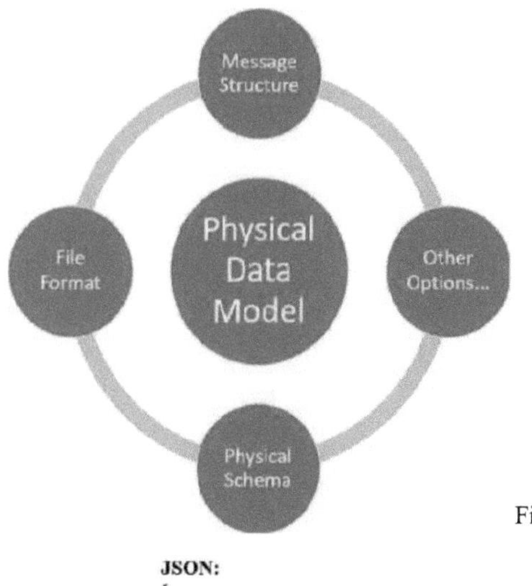

Figura 3.1: Modelo de dados físicos

JSON:
{
"name":Devang"
}

Figure 3.2: A simple JSON document

BSON :

```
\x16\x00\x00\x00          // Tamanho total do documento
\x02                      // 0x02 = Tipo String
nometxOO                  // Nome do campo
\x06\x00\x00\x00Devang\x00    //      Valor do campo
\x00
```

Figura 3.3:
Saltar o esquema físico do MongoDB (BSON)
para encontrar o próximo documento, o que acelera a tarefa de leitura. No entanto, não podemos perder de vista o facto de o espaço de armazenamento necessário estar a aumentar.

Propomos derivar um modelo que nos permita estimar o fator pelo qual a dimensão da memória do JSON aumenta em relação à exigida pelo CSV. [7]Embora o modelo seja derivado para JSON, é aplicável a todas as bases de dados e soluções que utilizam JSON ou os seus derivados (por exemplo, BSON, MessagePack, etc. [33]).

O modelo para estimar o espaço de armazenamento necessário é explicado utilizando o

---

[7]O MessagePack é um formato semelhante ao JSON, mas comparativamente mais pequeno [32].

esquema físico dos esquemas de armazenamento CSV e JSON. Para modelar o espaço de armazenamento necessário, propusemos comparar o espaço de armazenamento com bases de dados de ficheiros simples, como o CSV, como tamanho de armazenamento bruto, porque, entre todos os formatos disponíveis, o CSV é utilizado como esquema físico de eleição em muitas literaturas devido à sua simplicidade e elevada legibilidade humana [34] [35] [36] [37].

Considere uma fonte S que transmite dados em intervalos regulares. Estes dados podem ser armazenados numa matriz T com as seguintes propriedades:

- Uma tabela T é constituída por N colunas e R linhas.

- thCada coluna da tabela tem uma média de b_i, bytes de dados para i coluna.

- O número total de bytes para cada linha da tabela é, em média, .

- thCada cabeçalho de coluna tem o tamanho de c_i bytes e contém dados para i colunas.

Para simplificar, assumimos que a fonte liberta dados a intervalos regulares. Podemos assumir que a fonte segue uma determinada distribuição para a geração de dados. Assim, podemos dizer que o número de linhas de uma dada tabela T pode ser aproximado usando a distribuição obtida acima. A geração de dados é também uma propriedade da fonte. Assim, é possível estimar o número máximo de bytes necessários para armazenar dados num ficheiro. Podemos determinar o valor de b_i a partir da própria fonte. Obtendo N, o número de itens de dados que precisam de ser armazenados na matriz, usando a distribuição que prevê quando é que a fonte dada produzirá os dados. Assim, se soubermos b_i, R e N, podemos calcular B. Por fim, é possível medir o tamanho do cabeçalho da coluna c_i, já que é o desenvolvedor ou DBA quem determina o nome da coluna.

$$B = \sum_{i=1}^{N} b_i \tag{3.1}$$

O CSV organiza os dados num formato linha a linha, de modo que as colunas são listadas na primeira linha e todas as linhas subsequentes armazenam os dados. [8]Agora, o tamanho amortizado da coluna armazenada em CSV

o N

---

e como B bytes é o tamanho médio de uma linha, os dados necessitariam de $B \ x \ R$. Podemos, portanto, deduzir que o tamanho dos dados quando armazenados em CSV

$$CSV\_Size = (B \ x \ R) + \sum_{i=1} c_i \text{ bytes} \tag{3.3}$$

Nas memórias baseadas em JSON, cada linha tem o formato { nome da coluna1: valor, nome da coluna2: valor, ...}, como ilustrado na figura 3.3. [9] O tamanho de cada linha num esquema físico deste tipo seria portanto

$$JSON\_Size\_single\_document = (B + \sum_{i=1}^{N} c_i) \quad \text{bytes} \tag{3.4}$$

Com R linhas na tabela, o tamanho da base de dados seria

$$JSON\_Size = R \ x \ (B + \sum_{i=1} c_i) \text{ bytes} \tag{3.5}$$

O rácio (r) entre o tamanho da memória para as memórias baseadas em JSON e CSV seria, por conseguinte, o seguinte

3.4 Resultados experimentais e discussão

A avaliação experimental foi efectuada utilizando uma simulação para um tamanho total de memória de campo de coluna de 136 bytes e um tamanho de linha de 339 bytes para um número diferente de linhas para a base de dados NYC Taxi Cab [38], que é utilizada para analisar padrões de tráfego de táxis para reduzir a poluição. O conjunto de dados da NYC Taxi Cab foi escolhido porque,

$$r = \frac{R \times (B + \sum_{i=1}^{N} c_i)}{(B \times R) + \sum_{i=1}^{N} c_i} \quad \text{bytes} \tag{3.6}$$

Os conjuntos de dados importantes para o armazenamento eram muito pequenos. Por exemplo, o conjunto de dados do Titanic tinha menos de 600 MB, o conjunto de dados das habitações russas tinha menos de 1 GB e o conjunto de dados do AirBnB tinha menos de 100 MB.

---

[9]As vírgulas, outros caracteres especiais e os valores zero não são tidos em conta, uma vez que se trata apenas de uma estimativa aproximada.

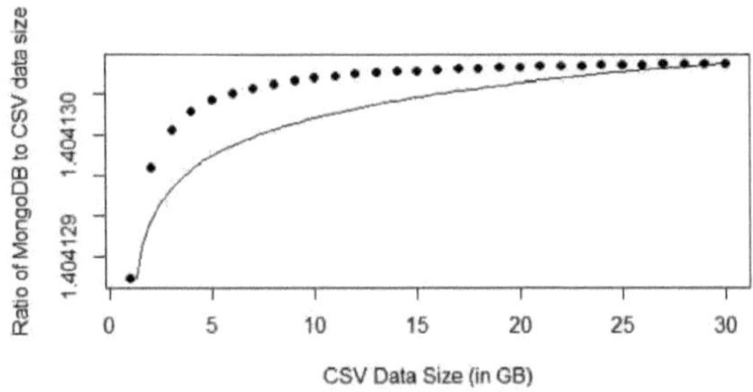

Figura 3.4: Simulação: rácio entre o tamanho da MongoDB e dos dados CSV

Tabela 3.1: Relação entre a MongoDB e o tamanho dos dados CSV

Tamanho do CSV (cumulativo)	Tamanho da memória do MongoDB (cumulativo)	Rácio (tamanho da MongoDB / tamanho do CSV)
1,6 GB	2,3 GB	1.412
4,86 GO	7.05 GO	1.45
9.9 GO	14,75 GO	1.49
16,68 GO	25.18 GO	1.44
24,83 GO	38,95 € GO	1.57
s34.6 GB	50.17 GO	1.45

- A maior parte dos grandes conjuntos de dados (> 20 GB) eram conjuntos de dados baseados em imagens, utilizados, entre outras coisas, para imagiologia por ressonância magnética do cérebro e identificação de células cancerígenas no sangue.

- Enquanto a maioria dos conjuntos de dados estava disponível num único ficheiro RaR de 50 GB ou mais, o conjunto de dados dos táxis de Nova Iorque estava disponível em ficheiros divididos horizontalmente por mês e ano, com uma média de 1,5-2 GB de tamanho.

Para obter o tamanho médio das colunas do conjunto de dados de Nova Iorque, criámos um documento fictício com todos os valores NULL ou indefinidos. Utilizámo-lo como referência, uma vez que o nosso objetivo é apenas fazer uma comparação amortecida dos requisitos de memória. A Figura 3.4 é um CDF e o PDF associado é "exponencial". Isso indica que o tamanho da memória do MongoDB aumenta exponencialmente à medida que o tamanho dos dados brutos aumenta linearmente. Os resultados da simulação são mostrados na Figura 3.4.

Os resultados da simulação foram verificados através da inserção do conjunto de dados NYC Yellow Taxi na solução MongoDB Big Data (um armazenamento baseado em JSON) com o motor de armazenamento WiredTiger. O MongoDB foi utilizado para a experiência porque é uma solução de código aberto que utiliza um esquema físico baseado em JSON chamado BSON e é um repositório de dados NoSQL extremamente popular [39]. Ao armazenar dados no MongoDB, o tamanho dos dados armazenados aumentou por um fator de 1,4 em comparação com o espaço de armazenamento utilizado pelo CSV, como mostra a Tabela 3.1. Os resultados das experiências são apresentados em

Tabela 3.2: Taxa de transferência do MongoDB (tempo de relógio de parede)

Tamanho do ficheiro CSV (em GB)	Importação Hora de início	Importação Hora de fim	Relógio de parede Hora (em minutos)
1.1	10:33:49	10:46:59	13
1.1	10:52:35	11:08:28	16
1.1	11:12:48	11:26:39	14
1.1	16:13:35	16:26:49	13
1.1	16:27:45	16:39:03	12
1.1	16:45:50	16:57:00	12

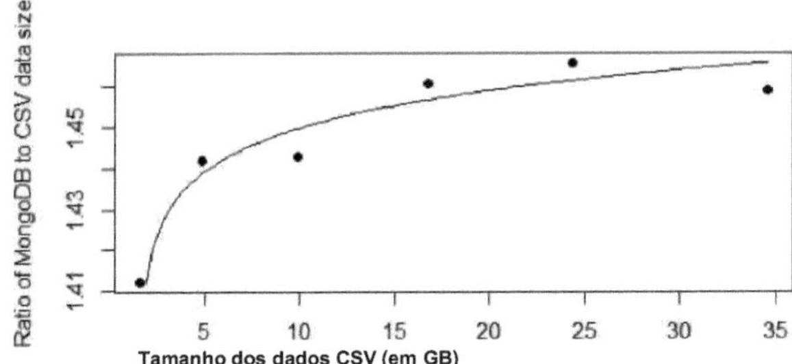

Figura 3.5: Avaliação experimental: rácio entre o tamanho dos dados MongoDB e o tamanho dos dados CSV (em GB)

Figura 3.5, que confirma a tendência proposta pelo modelo. Utilizando o modelo e uma matemática simples, podemos, portanto, desenvolver um fator de armazenamento para estimar a dimensão do espaço de memória requerido pelo JSON e seus derivados.

[th]O principal resultado desta experiência é que o MongoDB necessita, em média, de 10 a 13 minutos para importar um ficheiro csv de 1,6 GB num disco rígido comercial que funciona a 5400 rpm num computador com 8 GB de RAM e um processador Intel Core-i5 de 6ª geração.

3.5 Conclusão

Os participantes observaram que, quando são armazenadas informações sem esquema, o tamanho dos dados armazenados na base de dados é superior ao tamanho inicial. As informações de metadados e o esquema físico são os dois factores responsáveis por esta grande

quantidade de armazenamento. Os modelos matemáticos e as avaliações experimentais mostram que a MongoDB requer várias vezes mais espaço de armazenamento do que o tamanho inicial dos dados. Uma estimativa do espaço de armazenamento
para soluções baseadas em JSON foi proposta para prever o espaço de armazenamento correto necessário. Esta equação pode ser comparada com o espaço de armazenamento necessário, com base no espaço de armazenamento necessário para um armazenamento de dados CSV. Isto pode ser utilizado para determinar uma quantidade aproximada de espaço de armazenamento de que uma aplicação necessita antes de comprar armazenamento na nuvem.

Capítulo 4

Colocação de servidores de replicação em vários centros de dados

4.1 Introdução

A investigação atual em áreas como a Rede Definida por Software e a Computação Definida por Software indica que a maioria dos sistemas na nuvem será automatizada e a inteligência humana tornar-se-á redundante. No entanto, quando se trata de escolher centros de dados para BDaaS, os utilizadores têm de selecionar manualmente a sua região na Amazon. Isto também significa que é necessário tomar decisões complexas se a aplicação tiver de fornecer serviços a várias regiões e/ou suportar a replicação para os clientes (desde que a replicação tenha em conta o centro de dados). O problema torna-se ainda mais difícil pelo facto de os clientes não disporem de estatísticas sobre os centros de dados regionais que escolhem para apoiar a sua decisão. Uma forma simples mas exigente de resolver este problema é utilizar a automatização na nuvem para resolver o problema da atribuição de centros de dados.

4.2 Revisão da literatura

A virtualização e o agrupamento provaram ser boas soluções para gerir grandes quantidades de dados, mas o aumento constante do volume de dados armazenados continuará a constituir um desafio em termos de escalabilidade [15]. Ultrapassar o limite tradicional de 16 TB para NAS/SAN é também um grande desafio. Alguns trabalhos, como [40], [41] e [42], propõem o armazenamento definido por software (SDS) como uma possível solução para a atribuição e gestão automáticas do armazenamento. [10]Para o segundo desafio do cliente, sugerimos que o fornecedor de serviços desenvolva software que ajude o cliente a escolher as melhores regiões para colocar as suas réplicas.

4.3 Motivação

Como mostra a Figura 4.1, a escolha de um centro de dados suprarregional fornece apenas informações limitadas ao cliente. Outras soluções DbaaS, como a ClearDB, a DyanmoDB e a

---

[10]Uma réplica é uma cópia dos dados, geralmente utilizada para alta disponibilidade e recuperação de emergência.

Aventra

Figura 4.1: Microsoft Azure DocumentDB: Seleção do nó Geo-Replica [2]

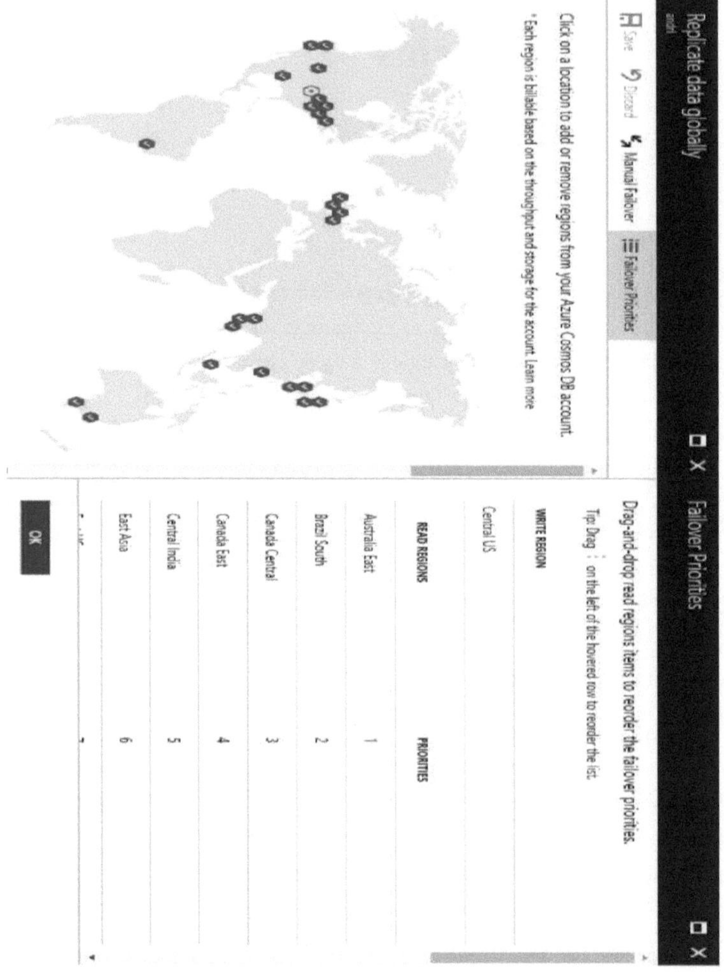

O Optimizer AMI da Tesora também enfrenta os mesmos problemas. A escolha do centro de
dados baseia-se principalmente na localização dos utilizadores do cliente. Com informações
limitadas, o cliente não consegue tomar as melhores decisões em caso de conflito.

4.4 Definição do problema

Para um certo número de clientes, é necessário selecionar o melhor subconjunto de nós de
armazenamento capaz de fornecer um serviço de armazenamento de dados com um mínimo

de recursos e um baixo custo total de propriedade. Cada unidade de armazenamento tem uma quantidade arbitrária de espaço de armazenamento e características de desempenho, como a velocidade de leitura/escrita e o tempo médio de pesquisa. A N/W não é um estrangulamento, pelo que o desempenho depende essencialmente da atribuição de unidades de armazenamento de acordo com o SLA. Existem dois objectivos principais:

1. Para registar dados perto da fonte.

2. Para fontes de dados replicadas, a escolha das unidades de armazenamento deve basear-se na carga de trabalho do bastidor ou centro de dados.

O problema pode, portanto, ser descrito simplesmente como a atribuição de espaço de armazenamento na nuvem de acordo com as necessidades do cliente. Isto é muito semelhante ao Problema de Localização de Instalações (FLP), que é NP-difícil por natureza. Este problema é um caso especial do Problema de Localização de Instalações, nomeadamente o Problema de Localização de Instalações Capacitivas (CFLP), porque um centro de dados tem uma capacidade de armazenamento fixa e IOPS fixos em qualquer altura. Se for possível particionar os dados, o caso também pode ser especializado num CFLP fracionável, em que a procura pode ser distribuída por muitos nós de dados. Dividir os dados em fragmentos e armazená-los em locais diferentes é inerentemente NP-completo. No entanto, no trabalho proposto, concentramo-nos apenas no problema da colocação de réplicas.

4.5 Modelo matemático

123^{th}FS = {FS , FS , FS ,..., FSN} é um conjunto de espaço de armazenamento máximo

que o fornecedor de serviços de computação em nuvem fornece aos centros de dados 1 a N. Tem M clientes que requerem uma quantidade de espaço de armazenamento c_j para j clientes com um fator de replicação "R". FDC_{ij} é o IOPS com que a instituição F_i fornece dados aos clientes j. $_{thth}FCS_{ij}$ é o espaço de armazenamento requerido por j clientes na instalação i . $^{thth}FSA_{ij}$ indica se o cliente j foi ou não atribuído ao dispositivo i ("0" significa que o dispositivo não foi atribuído e "1" significa que o dispositivo foi atribuído). O objetivo é atribuir um dispositivo ao cliente de modo a que

para que
em que i = 1, 2, 3, ..., N, j = 1, 2, 3, ...,M, e o requisito SLA é satisfeito.

th thTambém verificamos se $\wedge_{N=1} FS(i) > \wedge N=1 \wedge_{M=1} FCS(i,j)$ antes de atribuir o Cliente j com a Instalação i.

Os seguintes pressupostos e modelos foram desenvolvidos utilizando [43], [44] e [45] como referências. No entanto, não foi utilizado um modelo de penalização como o descrito em [46], uma vez que não pode ser utilizado sem causar violações do SLA. Existe uma solução para o problema CFLP mencionado acima apenas se P = NP. Para os problemas citados na literatura, os autores propuseram os seguintes paradigmas para resolvê-los:

- Algoritmos gulosos

- Algoritmos evolutivos (EA)

- Teoria dos jogos

Dos paradigmas listados, o trabalho contribuiria para dois paradigmas: algoritmos gulosos e EA. A teoria dos jogos foi excluída, uma vez que existe um compromisso entre a complexidade do tempo e a qualidade da solução quando o problema é formulado em termos de um equilíbrio de Nash.

4.6 Algoritmos gregários

4.6.1 Introdução

Os algoritmos de Greedy utilizam heurísticas para encontrar uma solução. No entanto, a solução pode não ser óptima. A vantagem de utilizar algoritmos Greedy é o facto de fornecerem sempre uma solução. Por vezes, é possível expressar matematicamente o pior caso da solução óptima dos algoritmos de Greedy, conhecidos como algoritmos de aproximação. Foram propostos muitos algoritmos de aproximação para o problema CFLP [47] [48] [49]. Propomos utilizar algoritmos de aproximação porque são uma subclasse do "paradigma de Greedy" e, por conseguinte, fornecem sempre uma solução. No entanto, a solução é geralmente sub-óptima. [2]O algoritmo heurístico Farthest-First[50] é um algoritmo de 2 aproximações que requer uma complexidade temporal de $O(n)$, que é bastante baixa em comparação com outros algoritmos. No entanto, alguns trabalhos raros também o reduziram para $O(n \times log(n))$. [2]O pseudocódigo do algoritmo 1 é um algoritmo com uma complexidade temporal de $O(n)$.

Resultado: Teorema dos estabelecimentos de K
selecionar aleatoriamente o primeiro centro ;
k:número da escola a selecionar ;
enquanto $i = 2$ a κ **do**
    desde que *ainda haja a possibilidade* **de o fazer**
        Calcular a distância ao ponto central atual ;
    Fim
    Seleccione o ponto com a maior distância como o novo centro;
Fim

desde que *ainda haja a possibilidade* **de o fazer**

Calcule a distância ao centro de cada agrupamento e atribua-o ao agrupamento com a distância mais pequena;

Fim

Algoritmo 1: Algoritmo Farthest First [50].

A principal desvantagem do algoritmo Farthest First apresentado no Algoritmo 1 é o facto de não utilizar dados de tráfego para decidir sobre a atribuição de armazenamento. Considere-se um cenário em que uma empresa de computação em nuvem oferece a possibilidade de colocar nós replicados num dos seus 5 centros de dados em Nova Iorque, Los Angeles, Londres, Bombaim e Tóquio. O cliente só precisa de 3 nós replicados e os seus clientes estão em 2 localizações geográficas diferentes, nomeadamente Nova Iorque e Los Angeles. A heurística mais simples sugeriria, portanto, que dois nós replicados fossem colocados em Nova Iorque e Los Angeles, e que o terceiro nó pudesse ser colocado em qualquer lugar para garantir HADR (High Availability and Disaster Recovery). Ora, o Algoritmo 1 utiliza inicialmente números aleatórios para escolher a localização que determinará a solução final. $\{sC\}\{555\}$

$_5\,5\,^{11}$Assim, a probabilidade de dois nós de replicação serem escolhidos como Nova Iorque e Los Angeles é $2\ /\ c_1 + c_2 + 5\ c_3 + c_4 + C\} = 10/(4 + 10 + 10 + 5 + 1) = 0{,}33 = 33\%$. Podemos concluir que tanto a utilização das fórmulas de espaçamento correctas como a escolha da primeira possibilidade são muito importantes. Assim, propomos as duas modificações seguintes ao algoritmo do Primeiro Mais Longe:

- A primeira localização deve ser escolhida de forma a estar próxima do ponto de utilização (princípio da localização). Isto pode ser feito procurando um local geográfico com o maior número de utilizadores, tal como especificado pelo cliente. O custo da operação é $O(n)$ ou $0(1)$ tempo complexo, consoante os dados sejam não ordenados ou ordenados.

- atualização das fórmulas de distância para utilizar o número de utilizadores que utilizam os dados de uma dada localização geográfica para calcular o nó mais afastado. Os custos de funcionamento destas operações são idênticos aos do algoritmo anterior (algoritmo 1).

O pseudo-código do algoritmo FF++ é apresentado no Algoritmo 2.

$$D = \left|\begin{array}{c}\overline{v}\\ \overline{k}\\ \overline{c}\end{array}\right|$$

Resultado: Teorema dos estabelecimentos de K

Selecionar o primeiro centro com o consumo de dados mais elevado;

---

[11]Aqui, a combinação é utilizada para encontrar todas as soluções possíveis que contenham LA e Nova Iorque e, em seguida, dividimos o mesmo por todas as combinações possíveis de soluções para gerar a possibilidade de uma solução correcta

k:número da escola a selecionar ;

enquanto $i = 2$ *a* κ **do**

    enquanto *ainda houver a possibilidade de o* **fazer**

        Calcular a distância até ao centro atual, utilizando como ponderador a percentagem da população da zona onde se situa o estabelecimento;

    Fim

    Seleccione o ponto com a maior distância como o novo centro;

Fim

enquanto *ainda houver a possibilidade de o* **fazer**

    calcular a distância a cada centro de agrupamento ;

    atribuir ao cluster com a menor diferença ;

Fim

Algoritmo 2: Algoritmo FF

4.6.2   Piores soluções para FF++

O algoritmo FF++ utiliza o número de utilizadores ou a percentagem de utilizadores como entrada para a decisão em cada iteração. Existem, portanto, dois cenários possíveis:

Case 1:   Os utilizadores estão distribuídos uniformemente por todo o país

Case 2:   Os utilizadores estão distribuídos de forma desigual pelo país

O algoritmo fornecerá sempre uma solução melhor para o caso 2, uma vez que a heurística só se aplica ao mesmo caso. Para o caso 1, a solução do algoritmo FF++ é a mesma que a do algoritmo Farthest First. Podemos, portanto, concluir que o caso 1 dá a pior solução.

Considere-se um cenário em que o algoritmo FF++ é utilizado para o cenário do caso 1. Seja K o número de nós de replicação necessários. $_{OPT}$Suponha-se que, após (K-1) iterações, o conjunto de K-1 centros óptimos está em C_{OPT} e tem o seu centro de gravidade em c. Suponha-se que k é o último centro do agrupamento a ser selecionado e que está em $\Pi(C, c)$. Além disso, seja $v \, E \, V$ o conjunto dos pontos não seleccionados. Existem então dois cenários possíveis

- $I \, D \, | = 0$

- $I \, D \, | = 0$

Em que D é o valor determinante de v, k e c, como indicado na equação 4.3.

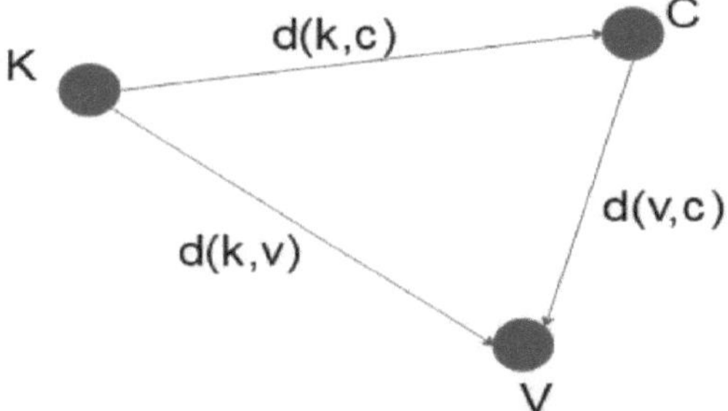

Figura 4.2: $|D| = 0$

$$(4.3)$$

Supondo que $|D| = 0$, os três pontos v, k e c não estão na mesma reta como na Figura 4.2. Usando o teorema da desigualdade triangular, podemos então deduzir que,

$$d(v, k) < d(v,c) + d(c, k) \tag{4.4}$$

Se a distância óptima for R_{OPT} e tivermos um centro ótimo C_{OPT}, então

$$d(v, c = R_{OPT} \tag{4.5}$$
$$d(k, c = R_{OPT} \tag{4.6}$$

Utilizando as equações 4.4, 4.5 e refeq:kc, obtemos o seguinte,

$$d(v_{vk}RR) < _{OPT} + _{OPT} \tag{4.7}$$
$$d(v, k) < 2 \times R_{OPT} \tag{4.8}$$

Para o cenário 1, o algoritmo é, portanto, 2-aproximado, como mostra a equação 4.8. Para $|D| = 0$, os três pontos (v, k e c) estão sobre a mesma reta. Mas como k está mais afastado de c, o ponto v está entre k e c, como mostra a Figura 4.3.

[1] A distância entre o centro de Optimal e qualquer ponto do gráfico é óptima.

[1] A distância entre o Centro Ótimo e qualquer ponto escolhido como o próximo nó de replicação no gráfico também é óptima.

Figura 4.3: $I D| = 0$

Conjunto de dados	Número de nós	Densidade	Data da rede
Airtel	15	Não muito	2010-08
BtAsiaPac	20	Densa	2010-08
DIGEX	31	Alta densidade	2011-01

Tabela 4.1: Conjunto de dados Topology-Zoo [3]

Para avaliar o desempenho, os algoritmos Farthest First e FF++ foram simulados utilizando a função de distância representada pela equação 4.13, em que dist[] representa a soma das distâncias de um nó não selecionado relativamente às distâncias dos nós seleccionados, q representa os nós seleccionados e dist_matrix[] representa a matriz de distâncias do grafo e cada valor individual de distância representa o número de saltos. O número de saltos foi preferido à latência e/ou atraso, uma vez que não é

[1]Ora, $d(v, k) = d(v, \breve{e}) + d(c, k)$ só se $v = \breve{e}$.

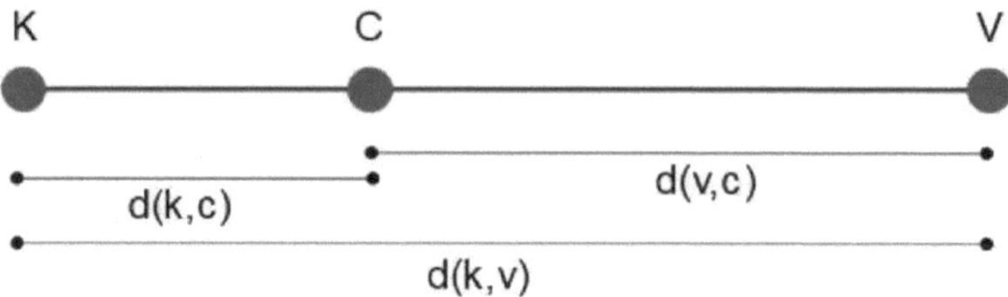

Portanto, $d(c, k) = d(k,v) + d(v,c)$ (4.9)

A equação 4.9 também pode ser reescrita da seguinte forma:

$$^{5}d(v, k) < d(v,C) + d(C, k) \qquad (4.10)$$

Utilizando os valores das equações 4.10, 4.7 e 4.8, obtemos

$$d(v,k) < R_{OPT} + R_{OPT} \qquad (4.11)$$

$$d(v, k) < 2 \times R_{OPT} \qquad (4.12)$$

Assim, o algoritmo FF++ também é 2-aproximativo para o cenário 2, como mostra a equação 4.12. Portanto, a equação é globalmente 2-aproximativa na solução.

4.6.3 Análise do desempenho do FF++

Tabela 4.2: Comparação dos resultados de Farthest First (FF) com FF++.

Conjunto de dados	Densidade	FF (número médio de contagens de saltos)	FF++ (número médio de contagens de saltos)	Importações (%)
Digex	Alta densidade	7.03	6.52	7.23%
BtAsiaPac	Densa	5.25	4.68	10.8%
Airtel	Não muito	2.85	2.37	16.8%

[12]disponíveis no conjunto de dados . Em segundo lugar, as garantias de latência e de atraso são sempre definidas nos SLA. Consequentemente, o tempo máximo de resposta é sempre conhecido.

$$dist[i] < -dist[i] + dist\_matriz[i,q] \tag{4.13}$$

Simulando os algoritmos 1 e 2 no ambiente R para os três conjuntos de dados Topology Zoo[3], verificámos que o algoritmo proposto tem um desempenho pelo menos 7% melhor do que o anterior. [13][14]Os três conjuntos de dados foram seleccionados de modo a que o número de nós na rede seja inferior a 30 (uma vez que nenhuma empresa atual fornece centenas de sítios,). A comparação dos conjuntos de dados seleccionados é apresentada no quadro 4.1. O conjunto de dados sobre a topologia da Internet foi utilizado por Topology-zoo.org. O conjunto de dados foi selecionado de modo a que o número de nós seja inferior a 35, uma vez que a Microsoft tem o maior número de centros de dados: estão presentes 27 e serão acrescentados 8 novos. Em média, conseguimos uma melhoria de desempenho de 10%. A Tabela 4.2 mostra os resultados obtidos após a simulação.

4.7 Algoritmo genético

Existem muitos métodos para encontrar soluções para diferentes problemas. Entre eles, os algoritmos evolutivos são extremamente populares no domínio da pesquisa aleatória guiada, quando os decisores se contentam com soluções sub-óptimas. Entre os algoritmos evolutivos, existem vários métodos, como os algoritmos genéticos, a otimização por colónias de formigas, a otimização por enxame de partículas e outros. Propomos utilizar o AG pela sua simplicidade inerente e pela garantia de uma melhor solução graças à utilização do teorema do esquema.

Isto conduz a uma lista de parâmetros com base nos quais um AG é classificado:

- Função de aptidão

- Seleção de funções

- Operações genéticas (cruzamento e mutação)

- A dimensão do elitismo

- Função de avaliação

- Dimensão da população

---

[12]O conjunto de dados Topology zoo[3] era constituído por nós e arestas.

[13]O Microsoft Azure tem o maior número de centros de dados na nuvem, com quase 27 atualmente em funcionamento [2], e planeia criar 8 novos centros, como se mostra no Apêndice F.

[14]Uma lista de localizações de centros de dados para o Google App Engine, AWS e Microsoft Azure DocumentDB está disponível no Apêndice F.

- Conflito de gerações

- Representação genética

Os AG pertencem ao domínio das metaheurísticas ou algoritmos inspirados na natureza (ver Apêndice E). São também capazes de fazer evoluir soluções não óptimas para soluções sub-óptimas. Isto deve-se ao facto de os AG desenvolverem soluções de acordo com o teorema do esquema. Assim, cada geração sucessiva fornece uma solução de melhor ou igual qualidade, desde que seja introduzido um grau suficiente de elitismo (armazenamento das melhores soluções para a geração seguinte).

Os AG começam com uma série de soluções (que podem ser não-soluções), designadas por população inicial. Esta pode ser desenvolvida utilizando números aleatórios, heurísticas ou soluções anteriores. A aptidão de cada indivíduo é calculada e o processo de seleção é levado a cabo. Através do processo de seleção, são escolhidos indivíduos da população para realizar operações genéticas (cruzamento e mutação). As operações genéticas são efectuadas de forma a garantir que a solução não fica presa em valores locais (por mutação) e que a solução não é gerada de forma demasiado aleatória (por uma taxa de mutação baixa). O principal objetivo do cruzamento é encontrar pontos extremos locais, e o da mutação é evitar que a solução fique presa numa solução local. [15]Os AG também podem ser utilizados para resolver problemas que não se prestam bem aos algoritmos de otimização normais, por exemplo, problemas em que a função-alvo é descontínua, não diferenciável, estocástica ou altamente não linear. O algoritmo 3 é o algoritmo GA.

Sugiro a utilização de um algoritmo de aproximação para gerar a população inicial, juntamente com números aleatórios para algoritmos genéticos, porque,

- Teorema esquemático: a solução melhora com cada geração sucessiva. Mas isso não garante a qualidade da solução.

- Para os algoritmos de aproximação com menor complexidade temporal, os recursos de computação estão disponíveis em abundância na nuvem. [2]$O(n)$ para o algoritmo 1

- Para garantir a qualidade para as gerações futuras, podemos recorrer ao elitismo.

- A solução do pior caso é conhecida quando é introduzido um nível suficiente de elitismo (com base em soluções aproximadas).

Tabela 4.3: Comparação de algoritmos genéticos

Referências / Parâmetros	[51]	[52]	[53]	[54]	
					Algoritmo proposto (GAAS)

---

[15]A melhor solução pode ser desenvolvida.

Iniciais População	Ao acaso Geração	Ao acaso Geração	Combinação aleatória com o algoritmo mediano de Greedy k	Ao acaso Geração	Geração aleatória combinada com Resolução do algoritmo de aproximação
Fitness Função	N.A.	Número de nós no cluster	Comprimento total do percurso de interação	Uma função da utilização de recursos e do consumo de eletricidade	Contagem média de saltos
Crossover	Interruptor de ponto único	Interruptor de ponto único	De acordo com a definição dada em [53]	De acordo com a definição em [54]	Interruptor de ponto único
Rescisão	Dinâmica	Estático	Estático	Estático (20 gerações)	Estático
Seleção	As melhores soluções	Melhores soluções (ou densidade máxima)	De acordo com a definição dada em [53]	Ao acaso	Ao acaso
Substituição	A pior solução	Piores soluções (ou densidade mínima)	Semelhança	De acordo com a definição em [54]	A pior solução
Mutação N.A.	N.A.	Ao acaso	Greedy com subrotina k-mediana	De acordo com a definição em [54]	N.A.
Genética Representação	De acordo com a definição em [51]	2-D Coordenadas euclidianas	Codificação binária	De acordo com a definição em [54]	Distância Matriz com Hop Counts como unidade de medida
Elitismo	N.A.	N.A.	N.A.	50%	20%

O algoritmo genético proposto difere em muitos aspectos dos outros AGs propostos para o problema CFLP, como mostra a Tabela 4.3.

Propomos um novo algoritmo genético, o Algoritmo Genético com Esquema de Aproximação (GAAS), no qual utilizamos algoritmos aleatórios e de aproximação para gerar a população inicial. Esta modificação garante que a solução fornecida pelo GAAS é uma solução próxima de 2.

Resultado: Teorema dos estabelecimentos de K

k:número da escola a selecionar ;

t:= 0 ;

geração aleatória da população inicial p() em combinação com uma solução Farthest First

O algoritmo selecciona aleatoriamente k estabelecimentos de cada vez;

while *O critério é cumprido* **do**

Criação de C(t) a partir de p(t) através da rotina de cruzamento ;

C(t) ;

Seleção de P(t +1) a partir de P(t) e C(t) através de uma rotina de seleção ;

t:=t+1 ;

Fim

Algoritmo 3: Algoritmo GAAS

Através da experimentação, verificámos que os parâmetros apresentados na Tabela 4.4 são os correctos quando mantidos constantes nos valores apresentados na tabela. O algoritmo GAAS proposto foi testado em si mesmo, mas com uma população gerada aleatoriamente. Todos os outros parâmetros foram mantidos. O conjunto de dados sobre a topologia da Internet foi utilizado a partir de Topology-zoo.org. O conjunto de dados foi selecionado de modo a que o número de nós fosse inferior a 35, uma vez que a Microsoft tem o maior número de centros de dados: estão presentes 27 e são acrescentados 8 novos. Como mostra a Tabela 4.5, foi obtida uma melhoria entre 7% e 13% com o algoritmo GAAS proposto.

Tabela 4.4: Parâmetros de simulação GAAS

Parâmetros	Valores constantes	Valores testados	Melhor valor
Dimensão da população	10	8, 10, 15	10
Número de repetições	25	20, 25, 30	20
Elitismo	10%	10%, 20%, 30%	20%
Taxa de cruzamento	70%	50% à 80	70%

4.8 Conclusão

A teoria dos jogos foi excluída por ter uma complexidade temporal muito elevada em comparação com os algoritmos de aproximação. O algoritmo de aproximação proposto, FF++, dá resultados 10-11% melhores. Os argumentos teóricos confirmam que os problemas CFLP apresentados acima podem ser resolvidos de forma mais correcta combinando os melhores algoritmos de evolução e de aproximação. Como resultado

Tabela 4.5: Comparação de algoritmos genéticos

Conjunto de dados	Densidade	AG com população aleatória	GAAS	Melhorias (percentagem)
Digex	Alta densidade	6.4	5.9	7.81%
BtAsiaPac	Densa	4.89	4.43	8.28%
Airtel	Não muito	2.66	2.35	13.19%

os autores propuseram um algoritmo genético GAAS que é 10% melhor do que os algoritmos genéticos de população aleatória.

Capítulo 5

Conclusão e trabalho futuro

Conclusão

Para colmatar esta lacuna, este trabalho centrou-se na classificação do modelo BDaaS com base nos paradigmas da nuvem. Foi então proposta uma arquitetura de software para o modelo básico de BDaaS para aplicações do lado do cliente. Foram identificados sete desafios para os fornecedores de serviços e os clientes quando utilizam serviços BDaaS. Entre estes desafios, o enfoque foi colocado nos problemas enfrentados pelos clientes. O primeiro problema enfrentado pelos clientes é a estimativa do tamanho exato do espaço de armazenamento necessário na nuvem. Anteriormente, este cálculo era incorreto, principalmente porque o esquema de armazenamento (ou modelo de dados) não era tido em conta. Por conseguinte, foi proposto e verificado um modelo de armazenamento de documentos para a base de dados MongoDB. Verificou-se que a MongoDB requer 1,4 vezes mais espaço de armazenamento do que um ficheiro CSV. Finalmente, o segundo desafio para o cliente, a escolha de nós para a colocação de réplicas, foi formulado como um problema CFLP (ou problema k-mediano). Foram propostas melhorias ao algoritmo Farthest First e verificou-se que o novo algoritmo FF++ fornece uma solução 10% melhor do que o algoritmo Farthest First. Foi também proposto um algoritmo genético GAAS, em que os resultados do FF++ foram utilizados com números aleatórios para criar uma população inicial. O GAAS proporcionou uma melhoria média de 9% em relação ao algoritmo aleatório.

Espaço de manobra para novas investigações

Existem oportunidades de melhoria em ambos os desafios dos clientes. O problema da estimativa da memória centrava-se apenas na memória dos documentos, quando existem pelo menos 13 outros modelos de dados (ver Apêndice B). Os problemas de atribuição de servidores de replicação CFLP requerem uma combinação de algoritmos de aproximação e outros algoritmos escaláveis (como ANT Colony, BAT, etc., ver Apêndice E) e testes de desempenho, como descrito no Capítulo 4.

Dado que o trabalho se limita aos desafios dos clientes, é também necessário abordar os desafios dos fornecedores de serviços, como a escalabilidade, a confidencialidade e a segurança, a flexibilidade, a fiabilidade e a rápida elasticidade.

Apêndice A

Lista de PME na Índia
que oferecem soluções de
megadados

O quadro A.l enumera mais de 50 empresas na Índia que fornecem consultoria e/ou serviços para soluções de grandes volumes de dados. A lista não é exaustiva e não inclui bancos e outras empresas de alto nível, como a HP Analytics, DELL, Google, AWS e outras. O principal objetivo da lista é dar a conhecer novas empresas em fase de arranque e empresas relativamente novas que estão a entrar no espaço dos grandes volumes de dados.

Quadro A.l: Lista de consultores ou prestadores de serviços de megadados na Índia

Empresa	Sítio Web
Dados absolutos	http://www.absolutdata.com/
Afim	http://affineanalytics.com/
Aon Hewitt	http://www.aon.com/india/
Axtria	http://axtria.com/
Accenture	https://www.accenture.com/in-en/new-applied-now
Boston-Analytik	http://www.bostonanalytics.com/
Serviços partilhados do Barclays	https://www.barclays.in/bss
Bridgei2i Analítico	http://www.bridgei2i.com/
Capilar Tecnologias	http://capillarytech.com/
Dados a lápis de cor	http://www.crayondata.com/
Cytel	http://www.cytel.com/
Cognitivos	cognilytics.com
Análise da cadeia	http://www.chainalytics.com/
Datamática	http://www.datamatics.com/
Dunhumby	https://www.dunnhumby.com/
Habilidade	http://www.dexterity.co.in/
Artesanato de decisão	http://www.decisioncraft.com/
Serviços EXL	https://www.exlservice.com/

Experian	http://www.experian.in/index.html
Evalueserve	https://www.evalueserve.com/
Fidelidade analítica	https://india.fidelity.com/india/Business_analytics.html
Análise fractal	http://www.fractalanalytics.com/
Análise global	http://www.global-analytics.com/
Genpact Analítico	http://www.genpact.com/insight/analytics-big-data
Goldman Sachs	http://www.goldmansachs.com/
Tecnologia Icra	http://www.icra.in/
Igate (Parente empresa: Capgemini)	https://www.capgemini.com/
Ipsos	https://www.ipsos.com/
Infosys	https://www.infosys.com/
iCriar	http://icreate.org.in/
LatentView	http://www.latentview.com/
A minha fé	http://www.mafoianalytics.com/
Manhattan Empregados	http://www.manh.com/en-in
Modelytik	http://www.modelytics.com/integrated/index.htm
Tech Mahindra	http://www.techmahindra.com
Nabler	https://www.nabler.com/
NeuralTechSoft	http://neuraltechsoft.com/
Nomura Analítico	http://www.nomura.com/india/careers/
NettPositive (ou Equifax)	http://www.equifax.in/
Solução Opera	https://www.operasolutions.com/
PwC-Análise	www.pwc.in
Cubo inteligente	http://www.thesmartcube.com/
Gama Internacional	http://www.scope-international.com/en/
Conselho de Takshashila	http://www.tkc.firm.in/

SCT	https://www.tcs.com/
Watson Towers	https://www.towerswatson.com/en-IN
Transorg Analítico	transorg.com/
Análise TEG	teganalytics.com/

Vehere Interativo	www.vehere.com/
Análise da WNS	http://www.wns.com/solutions/functional-solutions/analytics
Wipro	www.wipro.com/india/
ZS Associados	https://www.zs.com/

Revisão dos modelos de dados para soluções de grandes volumes de dados

1. Guardar conteúdo

   A loja de conteúdos, também conhecida como repositório de conteúdos, é uma forma específica de sistema de gestão da informação utilizado para armazenar e gerir dados. A estrutura de armazenamento dos repositórios de conteúdos é geralmente hierárquica e suporta a pesquisa de texto integral, uma vez que processam um grande número de ficheiros. O Apache JackRabbit e o ModeShape são exemplos de repositórios de conteúdos. A maioria dos sistemas de gestão de conteúdos utiliza alguma forma de repositório de conteúdos para armazenar dados (normalmente não estruturados) utilizando ficheiros (por exemplo, ficheiros XML para metadados). Os repositórios de conteúdos suportam funções como consultas, autenticação e autorização, deteção de nós e autorização de substituição. São utilizados em WebDAV, software de gestão de conteúdos e muito mais. O Apache JackRabbit e o Mode Shape baseiam-se ambos no JCR (Repositório de Conteúdos para a API JAVA).

2. Memória de documentos

   Também conhecido como modelo de base de dados orientado para o documento, é um modelo sem esquema. Isto significa que os registos não têm uma estrutura uniforme. Cada registo pode ter vários valores e os registos podem ser aninhados. Este modelo de dados suporta índices secundários para facilitar aplicações de nível superior. MongoDB, Couchbase, CouchDB e DynamoDB são exemplos de lojas de documentos. Destes, o MongoDB e o DynamoDB são muito populares. O DynamoDB é um repositório de documentos desenvolvido pela Amazon e utilizado na AWS. O MongoDB é uma base de dados rica em funcionalidades que suporta tipos de dados complexos (por exemplo, BSON), uma linguagem de consulta poderosa e acesso de alta velocidade a dados em massa (para uma quantidade de dados superior a 50 GB, a velocidade de acesso do MongoDB é dez vezes superior à do MySQL) [9].

3. Memória de eventos

   A maioria dos sistemas de gestão de bases de dados perde dados assim que ocorre um novo evento de atualização. Isto resulta na perda de dados potenciais que poderiam ter sido utilizados para analisar as alterações no estado do objeto. Esta situação levou ao desenvolvimento de registadores de eventos, que registam cada evento.

com o carimbo de data/hora, de modo a que esteja disponível um historial completo da mudança de estado do objeto. Uma caraterística particular dos armazenamentos de eventos é que não suportam processos de atualização e eliminação. Eventstore, NEventstore e ATLAS (utilizado para o Large Hadron Collider) são exemplos disso [10].

4. Memórias gráficas

A representação de relações complexas tem sido uma questão crítica para muitas aplicações, como as redes sociais, os sistemas de recomendação e outras. Estas aplicações requerem um modelo de rede para o armazenamento de dados, baseado na teoria dos grafos. Foi assim que surgiram as memórias de grafos baseadas no grafo ADT (Abstract Data Type). O modelo básico é constituído por arestas e nós, em que os nós representam objectos ou entidades e as arestas representam as relações entre os nós. Aqui, os dados são armazenados tanto nos nós como nas arestas. Exemplos de armazenamento em grafos são Neo4j [55], Titan, Giraph, Dgraph, FlockDB. HyperGraphDB, entre outros. Os domínios de aplicação ou casos de utilização de sistemas SGBD de grafos incluem a gestão de dados principais, aplicações de redes sociais, deteção de fraudes, aplicações IoT e muitas outras.

5. Par chave-valor

Este é provavelmente o modelo de dados mais simples e consiste em chaves e nos seus valores correspondentes. Embora o par chave-valor seja muito simples, alguns sistemas de base de dados baseados no modelo chave-valor não são candidatos a aplicações de megadados. Por exemplo, o Redis, um armazenamento de valores-chave, não consegue lidar com mais de 1 GB de dados, uma vez que carrega dados completos para a memória e efectua operações assíncronas de leitura e escrita. A escalabilidade do Redis também é fraca. No entanto, muitas lojas de valores-chave, como a Tokyo Cabinet-Tokyo Tyrant (TC-TT), têm um motor de armazenamento potente e uma elevada concorrência, com a capacidade de efetuar 4-5 milhões de leituras e escritas simultâneas num segundo [9]. No entanto, o desempenho da leitura/escrita diminui quando o número de registos excede os milhares de milhões. O Flare, outro par chave-valor, é mais bem sucedido do que o TC-TT em termos de escalabilidade, mas apenas suporta protocolos Memcached [9].

6. Memória do valor acrescentado

O problema com o modelo de dados relacional era o facto de não permitir múltiplos valores para a mesma coluna. Este facto levou à extensão do modelo relacional para incluir valores múltiplos na mesma coluna e é agora conhecido como armazenamento de valor acrescentado. Como a propriedade acima mencionada é contrária à primeira forma normal, é também designada por forma normal não-primeira ou simplesmente NF2. Oferece quase todas as propriedades do modelo de dados relacional, como o armazenamento de dados em formato de tabela, e muitos deles também suportam transacções ACID. Adabas, UniData-Universe e jBase são exemplos de sistemas multi-valor.

N.B. Alguns sistemas SGBDR também oferecem a possibilidade de armazenar valores múltiplos utilizando matrizes, mas estes não foram concebidos para armazenar valores múltiplos devido ao seu modelo de dados. Por conseguinte, não podem ser classificados como armazenamentos de valores múltiplos.

7. XML nativo

A Extensible Markup Language (ou XML) é uma representação padrão para o armazenamento de metadados devido à sua capacidade de armazenar e processar dados não estruturados. O armazenamento XML nativo utiliza XML ou um dos seus derivados para armazenar dados. Enquanto as bases de dados compatíveis com XML utilizam um modelo relacional para armazenar dados, os armazenamentos XML nativos utilizam apenas a representação XML. O MarkLogic e o Oracle BerckelyDB são exemplos de armazenamentos XML nativos. Suportam linguagens de consulta baseadas em XML, como XPath, XQuery ou XSLT.

8. Navegação na loja

Este é um dos modelos de dados mais antigos, desenvolvido na década de 1950. Estes modelos de dados apenas permitiam o acesso aos dados através de registos ligados. Existem basicamente dois tipos de sistemas SGBD: os sistemas SGBD hierárquicos e os sistemas SGBD em rede, que se baseiam na flexibilidade das ligações. O IMS e o IDMS são exemplos. O IMS foi utilizado na missão Apollo [8]. Foram os primeiros sistemas estabelecidos capazes de processar grandes quantidades de dados.

9. Modelo de base de dados orientado para objectos

Foram desenvolvidos nos anos 80, inspirados no conceito de modelo OOP, com o objetivo claro de armazenar objectos numa base de dados. Apenas alguns modelos orientados para objectos estão disponíveis no mercado: Cache, Db4o, Versant Object Database, Object Store e Matisse. No entanto, nenhuma das bases de dados acima mencionadas suporta a base de dados como um serviço [39].

10. NovoSQL

Estes são os modelos de dados mais recentes desenvolvidos, cujo único objetivo é fornecer garantias ACID juntamente com a escalabilidade dos modelos de dados NoSQL, principalmente para cargas de trabalho OLTP de leitura/escrita. Foram introduzidos por Aslett Matthew em 2010 [7]. A arquitetura é muito simples e utiliza uma camada de fragmentação com middleware para distribuir os dados pelos diferentes nós do cluster. Muitos sistemas SQL, como o MySQL InnoDB Cluster, o Scalebase, etc., actualizaram alguns dos seus motores de armazenamento para utilizar este modelo de dados.

11. Memória RDF

O Resource Description Framework (RDF) foi desenvolvido para descrever os metadados dos recursos informáticos, geralmente não estruturados. Estas memórias representam os dados sob a forma de triplas, sujeito, predicado e objeto. Existe uma subclasse de memórias de grafos, uma vez que interpretam uma ligação entre sujeito e objeto como um predicado. MarkLogic,

Jena, Algebraix, etc. são exemplos de memórias RDF. Utilizam linguagens de tipo SQL, como o SPARQL e outras.

12. Motores de pesquisa

O principal objetivo dos motores de pesquisa é analisar dados de texto e processar as consultas dos motores de pesquisa sobre esses textos. Oferecem suporte para pesquisa de texto integral, stemming, algoritmos de classificação e algoritmos de comparação de cadeias de caracteres. Elasticsearch, Sphinx, Splunk e outros são exemplos. O Sphinx é baseado no MySQL e contém algumas das suas próprias estruturas de dados para reduzir a latência.

13. Memória de séries cronológicas

Algumas fontes, como sensores IoT e WSN, sistemas de bolsas de valores, etc., exigem que cada entrada seja registada com data e hora. As bases de dados de séries cronológicas satisfazem este requisito. Outros modelos de dados, como os relacionais e os pares chave-valor, podem combinar um carimbo de data/hora com cada entrada ou atualização de dados para fornecer esta solução. Mas características como junções de duas colunas de carimbos de data/hora não são optimizadas, o que é o caso das bases de dados de séries cronológicas. InfluxDB, RRDtool, Graphite, OpenTSDB e outros são exemplos.

14. Lojas de colunas largas

Também conhecidos como repositórios de colunas largas, podem ser considerados como repositórios bidimensionais de chave-valor. Como podem ter um número dinâmico de registos numa coluna, as colunas também podem ser dinâmicas. BigTable, Cassandra, HBase e outros são exemplos. O BigTable é um sistema de base de dados proprietário desenvolvido pela Google para uso interno. O Apache Cassandra, por outro lado, é uma solução de código aberto conhecida pela diversidade das suas consultas e pela flexibilidade do seu esquema. O programador pode definir o esquema da base de dados numa fase posterior. Além disso, é altamente escalável, o que é conseguido através da replicação, e a falha de um único nó não resulta na falha de todo o sistema. O HBase é outro modelo orientado para as colunas e independente do esquema que utiliza o Apache Thrift, uma linguagem de definição de interfaces e um protocolo de comunicação binário utilizado para definir e criar serviços.

Apêndice C

Lista de bases de dados para soluções de megadados

Table C t enumera mais de 40 bases de dados utilizadas para soluções de megadados. Esta lista não é exaustiva, mas dá uma ideia da diversidade das soluções disponíveis.

Quadro C.l: Sistemas SGBD

Software	Modelo de dados	Apoio SO	Acesso	Licença
Adabas (Adaptável DAta BAse sistema)	Versátil SGBD	Linux, Unix, Windows	Acesso SQL e XML	Comercial
Álgebraix	Memória RDF		Spark-SQL	Comercial
Amaxon Pesquisa na nuvem	Pesquisar Motor	N.A.	API HTTP	Comercial
Azul-celeste DocumentDB	Memória de documentos	N.A.	API HTTP RESTful	Comercial
BaseX	XML nativo SGBD	Linux, OS-X, Windows	API Java, API HTTP RESTful, RESTXQ, WebDAV, XML:DB, XQJ	Aberto Fonte
Cache	Orientado para objectos SGBD	Linux, OS-X, Windows, IBM AIX, OpenVMS	SQL	Comercial
Cassandra	Coluna larga registo	Linux, Windows, OS-X, BSD	CQL, API baseada no Apache Thrift	Aberto Fonte
Couchbase	Memória de documentos	Linux, OS-X, Windows	Protocolo Memcached, API HTTP RESTful	Aberto Fonte
couchdb	Memória de documentos	android, bsd, linux, os-x, solaris, window	api restful http/json	aberto Fonte
d3	versátil dbms	ibm system-z, linux, janela, unix	java, .net e outras api	comercial

db4o	orientado para os objectos dbms	linux, windows	s.o.d.a pedido de objeto api	aberto Fonte
dinamodb	Multimodelo	n.d.	api para android, ios, ruby, java, .net, php, python e outros	comercial
pesquisa elástica	Motor de busca	todos os sistemas operativos com um java vm	api, java restful api http/json	aberto Fonte
Sala de concertos	Sala de concertos	linux, os-x, janela	cli, memória de eventos .net api, api http	aberto Fonte
Tocha	Par chave-valor			
Google Cloud Bigtable	Coluna larga registo	n.d.	api grpc (com buffers de protocolo), api compatível com hbase (java)	comercial
armazenamento de dados na nuvem da Google	Memória de documentos	n.d.	api grpc (com buffers de protocolo), api restful http/json	comercial
Aplicação de pesquisa Google	Pesquisar Motor	n.d.		comercial
gráfico	Multimodelo	todos os sistemas operativos com um java vm	restful http api, sesame java framework	comercial (versão gratuita disponível)
hbase	Coluna larga registo	linux, unix, janela	api java, api http restful, thrift	aberto Fonte

Tabela de hipertensão	Coluna larga registo	Linux, OS-X, Windows	API C++, Apache Thrift	Aberto Fonte
IDMS	Navegação SGBD	Linux, Windows	SQL	Comercial
IMS	Navegação SGBD			Comercial
Jack Rabbit	Guardar conteúdo		API JCR, SQL	Aberto Fonte
Jena	Memória RDF	Linux, Unix, Windows, OS-X	Fuseki, API RDF do Jena, RIO, SPARQL	Aberto Fonte

MarkLogic	Vários modelos	Linux, Windows, Solaris, OS-X	SQL, API Java, API cliente Node.js, API HTTP RESTful ODBC, SPARQL, WebDAV, XDBC, XQuery, XSLT	Comercial
Microsoft Pesquisa no Azure	Pesquisar Motor	N.A.	API HTTP RESTful	Comercial
Microsoft Servidor SQL	RDBMS	Janelas	SQL, OLE DB, fluxo de dados tabulares (TDS), ADO.NET, JDBC ODBC	Comercial
Forma de modo	Guardar conteúdo	Linux	Xpath, JCR-SQL2 e JCR-JQOM	Aberto Fonte
MongoDB	Memória de documentos	Linux, OS-X, Solaris, Windows	protocolo proprietário com JSON	Aberto Fonte
MySQL	RDBMS	Linux, OS-X, Solaris, Windows, FreeBSD	SQL, ADO.NET, JDBC ODBC	Aberto Fonte
Neo4j	Gráficos SGBD	Linux, OS-X, Windows	Linguagem de pedido Cypher, API Java, API HTTP RESTful	Aberto Fonte
NEventStore	Memória de eventos			Aberto Fonte
Armazém de objectos	Orientado para objectos SGBD	Janelas	API REST	Comercial

Oráculo BigData-SQL	Vários modelos	N.A.	protocolo proprietário, SQL	Comercial
Oracle-SQL	RDBMS	IBM AIX, HP-UX, Linux, SO X, Solaris, Windows, z/OS	SQL, ODP.NET, Interface de Chamada Oracle (OCI), JDBC ODBC	Comercial
Redis	Par chave-valor	BSD, Linux, OS-X, Windows	RESP (proprietário) Protocolo)	Aberto Fonte
Skalaris	Par chave-valor	Linux, Windows	APIs para Java, Python e Ruby	Aberto Fonte

Sedna	XML nativo SGBD	FreeBSD, Linux, OS-X, Windows	Linguagem W3C XQuery, SQL a partir de Xquery	Aberto Fonte
Sementes de sésamo (ou RDF4J)	Memória RDF	Linux, OS-X, Windows, Unix	API Java, RIO, API Sail, SeRQL, Sesame, protocolo HTTP REST, SPARQL	Aberto Fonte
Solr	Pesquisar Motor	Todos os sistemas operativos com uma VM Java e um contentor de servlets	API Java, API HTTP RESTful	Aberto Fonte
Esfinge	Pesquisar Motor	FreeBSD, Linux, NetBSD, OS-X, Solaris, Windows	Protocolo proprietário	Aberto Fonte
Titânio	Gráficos SGBD	Linux, OS-X, Windows, Unix	API Java, TinkerPop Plantas, TinkerPop Moldura, TinkerPop Gremlin, TinkerPop Rexster	Aberto Fonte
Tóquio Armário - O tirano de Tóquio	Par chave-valor		API para Java, Ruby, Perl e Lua	Aberto Fonte

UniData, Univers	Valores múltiplos	IBM AIX, HP-UX, Linux, Solaris, Windows	SQL, API Java, OLE DB, protocolo proprietário, API HTTP RESTful, API baseada em SOAP, JDBC ODBC	Comercial
Base de dados de objectos de expedição	Orientado para objectos SGBD	Linux, Windows	API para C++, Java e .NET	Comercial
Voldemort	Par chave-valor		Protocolos proprietários	Aberto Fonte
VoltDB	RDBMS	Linux, OS-X	API Java, RESTful API HTTP/JSON, JDBC	Aberto Fonte

Parâmetros de avaliação
Desempenho dos sistemas de megadados

Os conceitos tradicionais de desempenho, como a complexidade espacial e temporal, só são aplicáveis de forma limitada na era dos grandes dados. Uma vez que os requisitos actuais estão ligados a modelos de processamento distribuídos ou paralelos, as regras do jogo também estão a mudar. O quadro D.l contém uma lista de métricas de desempenho que foram utilizadas, propostas ou discutidas na literatura.

Table D   l: Parâmetros de desempenho

DATA	DEFINIÇÃO	BALANÇO	REFERÊNCIA
Escalabilidade	Capacidade do sistema para gerir os dados ou a carga de trabalho		[20]
Perturbação Tolerância	Quantas falhas de nós o sistema pode suportar?		[20]
Taxa de transferência MapReduce	Quantidade de trabalho realizado pelo MapReduce num determinado período de tempo.		[56]
Tempo de espera/tempo de espera (WT)	gO tempo que o comando esteve em fila de espera antes de ser executado	O modelo de Poisson foi utilizado para simular a taxa de chegada de empregos.	[56]
Tempo total de execução (TE)	o tempo necessário para concluir uma tarefa e apresentar resultados	TE = tempo de transmissão da ordem + WT + tempo de serviço + tempo de resposta	[56]
Tempo de latência	Tempo necessário para fornecer dados a uma máquina		[57]
Despesas gerais (OH)	Período durante o qual a CPU ou o kernel esteve ocupado por uma operação	OH = custos indiretos de mão de obra + Despesas gerais de virtualização	[57]

Classificação das
técnicas de pesquisa de soluções óptimas

A figura E.l ilustra a hierarquia das diferentes técnicas para encontrar uma solução óptima. Não se trata de uma lista exaustiva, mas contém técnicas conhecidas para referência. A classificação baseia-se nos parâmetros da abordagem utilizada para a solução.

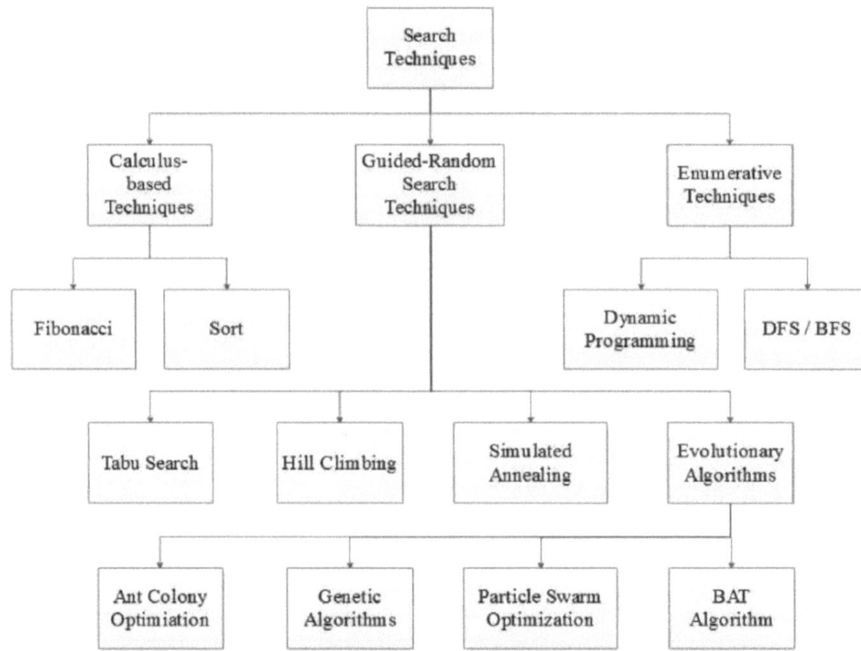

Figura E.l: Classificação das técnicas de pesquisa de soluções óptimas

Lista de centros de dados nas várias nuvens Fornecedor

Este apêndice analisa mais pormenorizadamente os centros de dados disponíveis para os serviços Microsoft AzureDB, os serviços Google App Engine e os serviços de nuvem AWS. A Tabela F.l mostra um número de centros de dados e o número de zonas para o Google App Engine, que tem 7 centros de dados e em breve terá mais 9, com cada centro de dados a servir várias zonas. A figura F.l mostra os centros de dados do Azure DocumentDB, que tem atualmente 27 locais à escolha e tem 8 novos centros de dados em preparação. Por último, a AWS tem cerca de 15 centros de dados e planeia abrir mais três, como mostra a Tabela F.2.

Tabela F.l: Centros de dados do Google App Engine

Centros de dados do Google App Engine : Mais recentes			
Oregon	Lowa	N Virginie	Carolina do Sul
Bélgica	Tóquio	Taiwan	
Dados do Google App Engine		**a Centros: Em breve**	
Califórnia	Montréal	São Paulo	Londres

Países Baixos	Finlândia	Frankfurt	Mumbai
Sydney			

Tabela F.2: Localizações dos centros de dados da AWS

Centros de dados AWS : Notícias				
Oregon	Norte da Califórnia	Virgínia do Norte	Ohio	Canadá
São Paulo	Londres	Singapura	Sydney	Tóquio
Seul	Mumbai	Irlanda	Frankfurt	Pequim
Centros de dados AWS: em breve				
Paris	Nindxia	Estocolmo		

Figura F.1: Regiões do Azure DocumentDB [2].

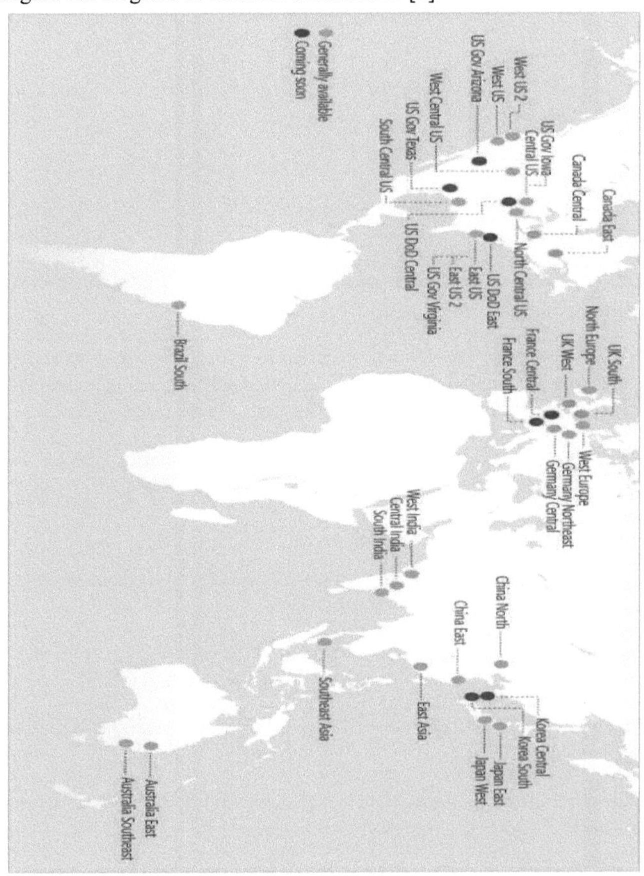

Referências

[1] O. de gestion e W. Budget's (OMB), "Fea consolidated reference model document", 2005.

[2] "Recent and upcoming regions of microsoft azure documentdb", https://docs.microsoft.com/en-us/azure/documentdb/documentdb-distribute-data-globally, acesso: 2017-02-05.

[3] "Topology zoo data set", http://www.topology-zoo.org/, último acesso: 2016-09-26.

[4] A. Katal, M. Wazid, e R. Goudar, "Big Data: issues, challenges, tools and good practices," in *Contemporary Computing (IC3), 2013 Sixth International Conference on.* IEEE, 2013, PP. 404-409.

[5] S. Khalifa, Y. Elshater, K. Sundaravarathan, A. Bhat, P. Martin, F. Imam, D. Rope, M. Mcroberts e C. Statchuk, "The six pillars for building big data analytics ecosystems," *ACM Computing Surveys (CSUR)*, vol. 49, no. 2, p. 33, 2016.

[6] E. F. Codd, "A relational model ofdata for large shared data banks", *Communications of the ACM*, vol. 13, no 6, pp. 377-387, 1970.

[7] M. Aslett, *451 Group*, 2010.

[8] W. C. McGee, "The information management system (ims) program product", *IEEE Annals of the History of Computing*, vol. 31, no. 4, 2009.

[9] J. Han, E. Haihong, G. Le, e J. Du, "Survey on nosql database," in *Pervasive computing and applications (ICPCA), 2011 6th international conference on.* IEEE, 2011, PP. 363-366.

[10] D. Malon, P. van Gemmeren, R. Hawkings, e A. Schaffer, "An inconvenient truth: file-level metadata and in-file metadata caching in the (file-agnostic) atlas event store," in *Journal of Physics: Conference Series*, vol. 119, no. 4, IOP Publishing, 2008, p. 042022. 119, no. 4, IOP Publishing, 2008, p. 042022.

[11] P. Paakkonen e D. Pakkala, "Reference architecture and classification of technologies, products and services for big data systems", *Journal of Big Data Research*, 2015.

[12] C. Prokopp, "Die vier Arten von Big Data as a Service (bdaas)", 2014.

[13] G. A. Gibson, J. S. Vitter, e J. Wilkes, "Strategic directions in storage i/o issues in large-scale computing," *ACM Computing Surveys (CSUR)*, vol. 28, no. 4, pp. 779-793, 1996.

[14] M. Stonebraker e J. Hellerstein, "What goes around comes around", *Readings in Database Systems*, vol. 4, 2005.

[15] K. Kant, "Data center evolution: A tutorial on state of the art, issues, and challenges," *Computer Networks*, Vol. 53, No. 17, pp. 2939-2965, 2009.

[16] T. Rabi, S. Gomez-Villamor, M. Sadoghi, V. Muntes-Mulero, H.-A. Jacobsen, e S. Mankovskii, "Solving big data challenges for enterprise application performance management", *Proceedings of the VLDB Endowment*, vol. 5, no. 12, pp. 1724-1735, 2012.

[17] H. Demirkan e D. Delen, "Leveraging the capabilities of service-oriented decision support systems: Putting analytics and big data in cloud", *Decision Support Systems*, vol. 55, no. 1, pp. 412-421, 2013.

[18] C. P. Chen e C.-Y. Zhang, "Data-intensive applications, challenges, techniques and technologies: An

Overview of Big Data", *Information Sciences*, Vol. 275, pp. 314-347, 2014.

[19] K. Kambatla, G. Kollias, V. Kumar e A. Grama, "Trends in Big Data Analytics," *Journal of Parallel and Distributed Computing*, Vol. 74, No. 7, pp. 2561-2573, 2014.

[20] I. A. T. Hashem, I. Yaqoob, N. B. Anuar, S. Mokhtar, A. Gani, e S. U. Khan, "The rise of "big data" on cloud computing: Review and open research issues", *Information Systems*, vol. 47, p. 98-115, 2015.

[21] M. D. Assuncao, R. N. Calheiros, S. Bianchi, M. A. Netto, and R. Buyya, "Big Data Computing and Clouds: Trends and future directions", *Journal of Parallel and Distributed Computing*, vol. 79, pp. 3-15, 2015.

[22] D. G. Chandra, "Base analysis of nosql database", *Future Generation Computer Systems*, vol. 52, pp. 13-21,2015.

[23] T. Gunarathne, T.-L. Wu, J. Qiu, e G. Fox, "Mapreduce in the clouds for science", em *Cloud Computing Technology and Science (CloudCom), 2010 IEEE Second International Conference on.* IEEE, 2010, pp. 565-572.

[24] 1.1 Centro, "Big Data in the Cloud: Converging Technologies", 2014.

[25] Gartner.com, "Gartner report", 2015, acedido em: 2016-09-30.

[26] M. Ishii, J. Han, and H. Makino, "Design e avaliação de desempenho para clusters hadoop em ambiente virtualizado", em *The International Conference on Information Networking 2013 (ICOIN)*. IEEE, 2013, P. 244-249.

[27] R. P. Padhy, M. R. Patra, e S. C. Satapathy, "Rdbms to nosql: reviewing some next-generation non-relational database's," *International Journal of Advanced Engineering Science and Technologies*, vol. 11, no. 1, pp. 15-30, 2011.

[28] R. D. Finn, J. Mistry, J. Tate, P. Coggill, A. Heger, J. E. Pollington, O. L. Gavin, P. Gunasekaran, G. Ceric, K. Forslund *et al*, "The pfam protein families database," *Nucleic acids research*, p. gkp985, 2009.

[29] W. W. W. Consortium *et al*, "Json-ld 1.0: uma serialização baseada em json para dados ligados", 2014.

[30] A. V. Aho, R. Sethi, e J. D. Ullman, *Compilers, Principles, Techniques*. Addison Wesley Boston, 1986.

[31] K. Bollacker, C. Evans, P. Paritosh, T. Sturge e J. Taylor, "Freebase: a collaboratively created graph database for structuring human knowledge", em *Actas da conferência internacional ACM SIGMOD 2008 sobre gestão de dados*. AcM, 2008, p. 1247-1250.

[32] "Messagepack", http://msgpack.org/index.html, acesso: 2016-09-26.

[33] L. del Alba, "Data serialization comparison: Json, yaml, bson, messagepack," https://www.sitepoint.com/data-serialization-comparison-json-yaml-bson-messagepack/, acedido em: 2016-09-26.

[34] Y Shafranovich, "Common format and mime type for comma-separated values (csv) files", 2005.

[35] K. Cranford, "How to excel with sas", em *Proceedings of the 28 th Annual SCSUG Conference, Austin, Texas, setembro*, 2007.

[36] T. C. Sharma e M. Jain, "Weka approach for comparative study of classification algorithm," *International Journal of Advanced Research in Computer and Communication Engineering*, vol. 2, no. 4, pp. 1925-1931,2013.

[37] K. B. Cook, H. Kazan, K. Zuberi, Q. Morris, e T. R. Hughes, "Rbpdb: a database of rna-binding

specificities," *Nucleic acids research*, vol. 39, no. suppl 1, pp. D301-D308, 2011.

[38] N. T. . L. Commission, "Tlc yellow taxi trip record data", http://www.nyc.gov/html/tlc/html/about/trip_record_data.shtml, 2016, acesso: 2016-09-30.

[39] DBengines.com, "object-oriented dbms", 2016.

[40] E. Thereska, H. Ballani, G. O'Shea, T. Karagiannis, A. Rowstron, T. Talpey, R. Black e T. Zhu, "Ioflow: uma arquitetura de armazenamento definida por software", em *Proceedings of the Twenty-Fourth ACM Symposium on Operating Systems Principles*. ACM, 2013, P. 182-196.

[41] M. Carlson, A. Yoder, L. Schoeb, D. Deel, C. Pratt, C. Lionetti e D. Voigt, "Software defined storage", *Storage Networking Industry Assoc, projeto de trabalho, abril* de 2014.

[42] A. Darabseh, M. Al-Ayyoub, Y. Jararweh, E. Benkhelifa, M. Vouk e A. Rindos, "Sdstorage: uma estrutura experimental de armazenamento definido por software", em *Cloud Engineering (IC2E), 2015 IEEE International Conference on*. IEEE, 2015, P. 341-346.

[43] J. A. Montoya, M. C. Velez-Gallego e J. G. Villegas, "Problema de localização de instalações capacitadas com custos gerais de funcionamento e de construção", 2012.

[44] A. Aggarwal, A. Louis, M. Bansal, N. Garg, N. Gupta, S. Gupta, e S. Jain, "A 3approximation algorithm for the facility location problem with uniform capacities," *Mathematical Programming*, vol. 141, no. 1-2, pp. 527-547, 2013. 141, no. 1-2, pp. 527-547, 2013.

[45] D. B. Shmoys, E. Tardos, e K. Aardal, "Approximation algorithms for facility location problems," in *Proceedings of the twenty-ninth annual ACM symposium on Theory of computing.* ACM, 1997, pp. 265-274.

[46] F. Wang, D. Xu, e C. Wu, "Combinatorial approximation algorithms for the robust facility location problem with penalties," *Journal of Global Optimization*, vol. 64, no. 3, pp. 483-496, 2016.

[47] M. Mahdian, Y. Ye, e J. Zhang, "Improved approximation algorithms for metric facility location problems," in *International Workshop on Approximation Algorithms for Combinatorial Optimization*. Springer, 2002, p. 229-242.

[48] F. A. Chudak e D. P. Williamson, "Improved approximation algorithms for capacitated facility location problems," in *International Conference on Integer Programming and Combinatorial Optimization*. Springer, 1999, p. 99-113.

[49] ---- Algoritmos de aproximação melhorados para problemas de colocação de instalações de elevada capacidade", *Mathematical Programação*, vol. 102, no. 2, pp. 207-222, 2005.

[50] S. Dasgupta, "Performance guarantees for hierarchical clustering", em *International Conference on Computational Learning Theory*. Springer, 2002, p. 351-363.

[51] J. Wu e K. Ravindran, "Optimization algorithms for proxy server placement in content distribution networks" (Algoritmos de otimização para a colocação de servidores proxy em redes de distribuição de conteúdos), em *Integrated Network Management-Workshops, 2009. IM'09. Simpósio Internacional IFIP/IEEE sobre*. IEEE, 2009, P. 193-198.

[52] S. Safaee e A. T. Haghighat, "Replica placement using genetic algorithm," in *Innovation Management and Technology Research (ICIMTR), 2012 International Conference on*. IEEE, 2012, PP. 507-512.

[53] H. Zheng e X. Tang, "An enhanced genetic algorithm for server placement in distributed interactive applications," in *Parallel and Distributed Systems (ICPADS), 2012 IEEE 18th International Conference on*. IEEE, 2012, PP. 596-603.

[54] S. Jamaliand S. Malektaji, "Melhorando o algoritmo genético de agrupamento para a colocação de máquinas virtuais em centros de dados em nuvem", em *Engenharia da Computação e do Conhecimento (ICCKE), 2014 4th International eConference on*. IEEE, 2014, pp. 328-333.

[55] "Hardware Sizing Calculator", https://neo4j.com/hardware-sizing/, 2016, acesso: 2016-09-30.

[56] B. Yang, F. Tan, Y.-S. Dai e S. Guo, "Avaliação do desempenho do serviço de nuvem considerando a recuperação de falhas", em *Cloud computing*. Springer, 2009, p. 571-576.

[57] K. R. Jackson, L. Ramakrishnan, K. Muriki, S. Canon, S. Cholia, J. Shalf, H. J. Wasserman e N. J. Wright, "Performance analysis of high performance computing applications on the amazon web services cloud", em *Cloud Computing Technology and Science (CloudCom), 2010 IEEE Second International Conference on*. IEEE, 2010, P. 159-168.

[58] C. W. Bachman, "The evolution of storage structures", *Communications of the ACM*, vol. 15, n.º 7, pp. 628-634, 1972. 15, no. 7, pp. 628-634, 1972.

[59] R. Reiter, "Towards a logical reconstruction of relational database theory", em *On concetual modelling*. Springer, 1984, pp. 191-238.

[60] A. M. Davis, *201 Princípios de Desenvolvimento de Software*. McGraw-Hill, Inc. 1995.

[61] A. Palekar, N. Ganapathym, A. Chadda, and R. D. Russel, "Design and implementation of a linux scsi target for storage area networks". in *Annual Linux Showcase & Conference*, 2001.

[62] J. S. Vitter, "Algoritmos de memória externa e estruturas de dados: Dealing with massive data", *ACM Computing surveys (CsUR)*, vol. 33, n.º 2, pp. 209-271, 2001.

[63] R. Desikan, S. W. Keckler, e D. Burger, "Assessment of mram technology characteristics and architectures", 2001.

[64] R. J. Morris e B. J. Truskowski, "The development of storage systems", *IBM Systems Journal*, vol. 42, n.º 2, pp. 205-217, 2003.

[65] Y. Zhang, *Engenharia de Sistemas de Informação Web e Tecnologias da Internet : Série de livros*. Springer, 2005.

[66] A. G. Dimakis, P. B. Godfrey, Y. Wu, M. J. Wainwright, e K. Ramchandran, "Network coding for distributed storage systems", *IEEE Transactions on Information Theory*, vol. 56, n.º 9, pp. 4539-4551, 2010.

[67] D. Ford, F. Labelle, F. I. Popovici, M. Stokely, V.-A. Truong, L. Barroso, C. Grimes e S. Quinlan, "Availability in globally distributed storage systems" [Disponibilidade em sistemas de armazenamento globalmente distribuídos]. in *OSDI*, 2010, pp. 61-74.

[68] R. T. Kaushik e M. Bhandarkar, "Greenhdfs towards an energy-conserving, storage-efficient, hybrid hadoop compute cluster," in *Proceedings of the USENIX annual technical conference*, 2010, p. 109.

[69] R. Hecht e S. Jablonski, "Nosql evaluation: A use case oriented survey", em *Cloud and Service Computing (CSC), 2011 International Conference on*. IEEE, 2011, pp. 336-341.

[70] J. Zhu e A. Wang, "Data Modelling for Big Data", *CA, Pequim*, 2012.

[71] E. Dede, M. Govindaraju, D. Gunter, R. S. Canon e L. Ramakrishnan, "Avaliação do desempenho de uma plataforma mongodb e hadoop para análise de dados científicos", em *Actas do 4.º workshop da ACM sobre computação científica em nuvem*. ACM, 2013, PP. 13-20.

[72] A. Zaslavsky, C. Perera, e D. Georgakopoulos, "Sensing as a service and big data", *arXiv preprint arXiv:1301.0159*, 2013.

[73] Z. Zheng, J. Zhu, e M. R. Lyu, "Service-generated big data and big data-as-a-service: an overview," in *2013 IEEE international congress on Big Data*. IEEE, 2013, PP. 403-410.

[74] M. Mavani, "Comparative analysis of andrew files system and hadoop distributed file system," *Lecture Notes on Software Engineering*, vol. 1, no. 2, p. 122, 2013.

[75] D. Singh e C. K. Reddy, "A survey on platforms for big data analytics", *Journal of Big Data*, vol. 2, no. 1, p. 1, 2014.

[76] M. Chen, S. Mao, Y. Zhang, e V. C. Leung, "Big data storage", em *Big Data*.   Springer, 2014, pp. 33-49.

[77] H. Hu, Y. Wen, T.-S. Chua, e X. Li, "Toward scalable systems for big data analytics: A technology tutorial," *IEEE Access*, Vol. 2, pp. 652-687, 2014.

[78] P. Sanders, "Algorithm engineering for big data". na *Conferência Anual do IM*, 2014, p. 57.

[79] E. Barbierato, M. Gribaudo, andM. Iacono, "Performance evaluation ofnosql big-data applications using multi-formalism models," *Future Generation Computer Systems*, pp. 345-353, 2014.

[80] D. Wei, C. Li, W. Naheman, J. Wei e J. Yang, "Método de organização e armazenamento para conjuntos de dados não estruturados em grande escala com conteúdo complexo", em *Computação para pesquisa e aplicação geoespacial (COM. Geo), 2014 Fifth International Conference on*. IEEE, 2014, pp. 70-76.

[81] L. Al-Awami e H. S. Hassanein, "Sistemas de armazenamento de dados distribuídos para sobrevivência de dados em redes de sensores sem fios utilizando códigos de apagamento descentralizados", *Computer Networks*, vol. 97, pp. 113-127, 2016.

[82] E. Barbierato, M. Gribaudo, e M. Iacono, "Modelação e avaliação dos efeitos da atribuição de recursos de armazenamento de grandes volumes de dados em arquitecturas de nuvem à escala global", *International Journal of Data Warehousing and Mining (IJDWM)*, vol. 12, n.º 2, pp. 1-20, 2016.

[83] M. Strohbach, J. Daubert, H. Ravkin e M. Lischka, "Big data storage," in *New Horizons for a Data-Driven Economy*. Springer, 2016, pp. 119-141.

[84] http://www.obitko.com, "Recommendations ga."

[85] ENDPOINT.com, "Benchmarking top nosql databases", 2016, acedido em: 2016-09-30.

[86] I. NetApp, "Netapp all flash fas storage arrays", 2016, acesso: 2016-09-30.

[87] "Ndbcluster size requirement estimator", https://dev.mysql.com/doc/refman/5.7/en/mysql-cluster-programss-ndb-size-pl.html, acedido em: 2016-09-30.

Difusão

Outras revistas especializadas e capítulos de livros

1. Devang Swami e Bibhudatta Suahoo, "Service Delivery Model for Big Data as a Service", International Journal of Data Mining and Knowledge Engineering, Volume 8, No. 6 (2016), pp. 171-176, Jun. 2016. ISSN 0974 - 9578

2. Devang Swami, Sampa Sahoo, e B. D. Sahoo, "Storing and Analysing Streaming Data: A Big Data Challenge", no livro intitulado "Bigdata Analytics: Tools, Technology for Effective Planning", CRC Press, Taylor & Francis Group

Conferências

1 Devang Swami e Bibhudatta Sahoo, "Storage Size Estimation for Schemaless Big Data Applications: An Analysis of JSON-based Databases", em Internet of Things for Technology Demonstrator

More
Books!

yes
I want morebooks!

info@omniscriptum.com
www.omniscriptum.com
OMNIScriptum

Printed by Books on Demand GmbH, Norderstedt / Germany